Dico Illustré
D'une Présumée
Cas Soc'

Anecdotes de vie à travers des ~~maux~~ mots

Alice Diotie

A mon fils.

TABLE DES MATIÈRES

Avertissement : les situations décrites dans ce livre sont
authentiques.

.

INTRODUCTION

« Il est attardé mental. C'est comme s'il avait la mentalité d'un enfant de 4 ans. »

Ces propos, ce sont ceux d'une petite fille, élève en école primaire, sur un autre camarade de son établissement.

Pourquoi ? Car la psychologue scolaire s'est érigée en médecin douteux pour parler à des enfants de l'école, lors d'une réunion improvisée sous le préau. Cette professionnelle de la psychologie infantile tenait à faciliter l'intégration d'un nouvel élève, après l'avoir étiqueté « autiste », sans aucun fondement, sans diagnostic médical posé de manière sûre. Pourtant un adage ne conseille-il pas de s'abstenir dans le doute ?

« Mais, Madame, c'est vous qui avez choisi de travailler. Si vous avez du mal à faire garder votre enfant, il y a le RSA. »

Ces propos, ce sont ceux d'une assistante sociale de MDSI (Maison Départementale de la Solidarité et de l'Insertion), sous-entendant qu'une bonne mère solo doit se contenter des minimas sociaux et que celle qui bosse est une génitrice indigne.

Pourquoi ? Car cette professionnelle de l'insertion sociale souhaitait résoudre un problème de mode de garde décent pour un enfant dont la mère qui l'élève seule travaille. Et, nous le verrons plutard, des solutions étranges et similaires à la précédente peuvent être proposées.

« Il doit y avoir que des cas sociaux dans cette commune, non ? »

Ces propos, ce sont les miens, lors de mon déménagement de Bordeaux vers Floirac, une commune de banlieue.

Pourquoi ? Car je suis née et j'ai grandi sur la rive gauche de Bordeaux, en ayant été alimentée mentalement par la mauvaise réputation de l'ensemble des communes de la rive droite de l'agglomération bordelaise. La maman lambda que je suis avait le même état d'esprit qu'un Parisien déménageant vers une commune du Seine-St-Denis, avec ses impressions et surtout ses préjugés.

Justement le préjugé : Un point commun à ces trois anecdotes évoquées.
Juger à l'avance sans savoir est humain. Et, en toute franchise, cela nous arrive à tous.
Mais penser, agir et décider en fonction de nos préjugés et autres stéréotypes peuvent se révéler dévastateurs. C'est comme si l'on se concentrait sur le bruit d'un arbre qui tombe au milieu d'une forêt qui pousse.
Après le boucan de cet arbre, les uns se concentreront sur la forêt grandissante ; Ils verront la magie de l'œuvre de la nature. Les autres se crisperont sur l'arbre isolée dans sa chute et ils ne verront que ça ;

2

Au-delà de ces anecdotes vécues, il y a les expériences de bien d'autres personnes se confrontant aux conséquences des préjugés et, à la clé, un statut de cas social présumé : ce sont ces citoyens travaillant beaucoup, peu ou pas et pris dans les méandres de la précarité, régulièrement ou ponctuellement. Ce sont aussi ces personnes habitant une adresse dont la réputation des lieux n'est pas très reluisante. Ou encore, ce sont toutes ces personnes réduites dans leur identité que par leur couleur de peau, leur handicap, leur religion, leur âge, leur statut social et/ou marital, leur profession, etc. sans oublier toutes celles et ceux qui ont eu, qui ont ou qui auront un incident de la vie comme le chômage, une maladie, un divorce, un deuil, etc.

A y regarder de plus près, en France ou ailleurs, la majorité de gens ont expérimenté dans leur vie une ou des situations précédemment citées. Sommes-nous alors des cas soc' en puissance ? Sommes-nous une majorité de cas qui ne peuvent ou ne veulent pas vivre avec autrui, dans le respect des droits et devoirs de la société ?

Voici pourquoi, à travers ce dictionnaire, je souhaite partager des anecdotes illustrant le fait de pouvoir entendre un arbre tomber tout en écoutant la forêt pousser.
Je veux témoigner de mon expérience personnelle qui a dégusté à cause des conséquences des préjugés d'autrui, comme beaucoup de personnes lambda ont pu le vivre.
Je veux surtout témoigner de cette expérience car elle a ébranlé mes propres préjugés.

DEFINITIONS - AGIOS A ARBRE

Agios : dépense prouvant qu'il faut être riche pour être pauvre.

Anticonstitutionnellement : utile pour gagner sans maux au jeu du mot le plus long, adverbe qualifiant des situations qui peuvent faire perdre ses mots.

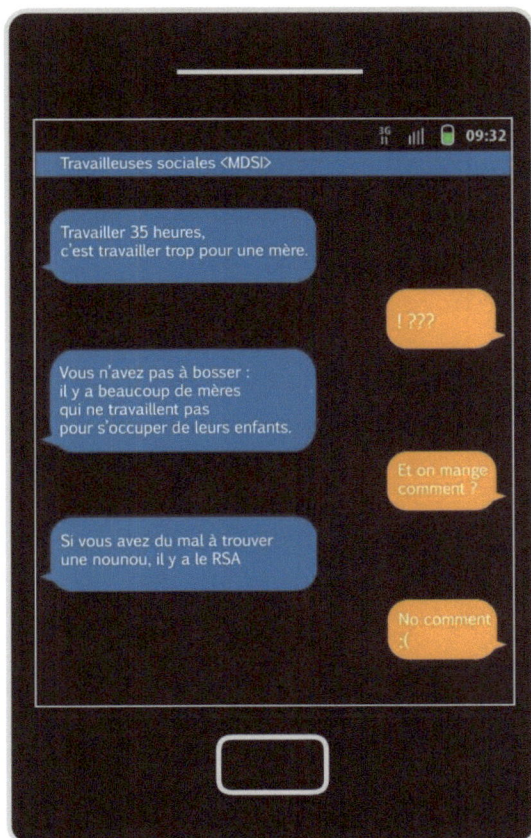

Voici une petite piqûre de rappel :

- Article 1er de la Constitution du 4 octobre 1958 - La France est une République indivisible, laïque, démocratique et sociale. Elle assure l'égalité devant la loi de tous les citoyens sans distinction d'origine, de race ou de religion. Elle respecte toutes les croyances. Son organisation est décentralisée. La loi favorise l'égal accès des femmes et des hommes aux mandats électoraux et fonctions électives, ainsi qu'aux responsabilités professionnelles et sociales.

- Article 72 de la Constitution du 4 octobre 1958 - Dans les collectivités territoriales de la République, le représentant de l'État, représentant de chacun des membres du Gouvernement, a la charge des intérêts nationaux, du contrôle administratif et du respect des lois.

Appli : pour détruire ce que l'on veut, il y a une appli par ça, c'est la connerie. Pour construire ce que l'on veut, il y a une appli pour ça, c'est la conscience.

Arbre : comme disait Gandhi, quand il tombe peut faire beaucoup de bruit … :

- Comme cette mère de 6 enfants de 3 pères différents et son « *Si t'es en galère, pourquoi tu ne fais pas un deuxième enfant, tu auras les allocations.* »

- Comme cette maman solo d'enfants scolarisés, sans souci de mode de garde et son « *On me propose un job payé 1200 euros par mois : ben, je vais refuser, j'ai déjà bien plus avec mes allocs et les aides.* »
- Comme ce jeune élève de CM2 et son « *L'école, je m'en fous. Je connais des plans qui vont me rapporter plein d'oseilles* (ndlr : des trafics et autres magouilles). »

… En effet, oui, quand l'arbre tombe, il fait plus de bruit que :

- La situation de ce père de famille et son « *Je cumule 3 jobs alimentaires, malgré mon Bac+4.* »
- La situation de cette mère solo et son « *Ça fait 19 ans que je prends le bus à 5h du mat' pour faire le ménage ; Ça me permet d'aider ma fille à payer les frais d'inscription de son master 2.* »
- La situation de ce petit CM1 et son « *Quand je serai grand, je serai ingénieur ou vétérinaire.* »

DOSSIER ARGENT

Argent : Il peut être le nerf d'une sale guerre de nerf. Dans ce cas, il devient une drogue qui s'accroche aux neurotransmetteurs du bon sens. Il rend accro, il rend fou et il rend la vie invivable.

Chronique d'une guerre des nerfs causée par le nerf de la guerre

Anokin* naît en janvier 2004 à Bordeaux. Mais faute de logement de taille décente et abordable, son étudiante de mère et lui déménagent en mai 2004 sur Floirac, une commune de la banlieue bordelaise.

(NB : Le père d'Anokin n'est pas présent)

Comme beaucoup d'enfants, Anokin fréquente la crèche car sa mère finit ses études en BTS communication et effectue des stages en entreprise.

Anokin est un enfant plein de vie, tonique et grandit normalement : Il marche à 11 mois, mange seul à 18 mois, etc. Comme la vie est imparfaite, à 2 ans et demi, il est toujours difficile pour lui de se faire comprendre (parle sans construire de phrases correctes et déforme beaucoup de sons) ; il commence également s'opposer à certaines activités à la crèche et rechigne à aller au pot ; c'est d'ailleurs la raison qui amènera sa mère à ne pas l'inscrire en école maternelle en septembre 2006 et d'attendre l'année suivante. Après tout, rentrer à l'école à 3 ans et demi n'est pas un drame, surtout pour un enfant né en tout début d'année.

*Le prénom a été modifié

9

JUIN 2006

Emménagement dans un T3 en Haut-Floirac, après avoir patienté dans un T1 bis en Bas-Floirac : Anokin a enfin sa chambre à lui, dit au revoir à son lit à barreau de bébé. Il y a une vraie baignoire dans la salle de bain, un grand séjour où déambuler plus aisément et y ramener ses jouets.

AOÛT 2006

Couac administratif, le bailleur prélève le loyer à plein pot malgré les APL (Allocation Personnalisé Logement) de la CAF. A découvert et avec moins de 100 euros pour honorer les autres factures (... et manger), la mère d'Anokin se rapproche d'une assistante sociale de la MDSI (Maison Départementale de la Solidarité et de l'Insertion) de Floirac, afin de demander de l'aide. Le jour du rendez-vous, l'assistante sociale s'intéresse plus à Anokin, qui ne tient pas en place, qu'à l'exposition de l'imprévu financier et des pièces justifiant la situation.

SEPTEMBRE 2006

Une nouvelle et dernière année studieuse se profile pour la mère d'Anokin, démarrant avec un stage professionnel et la préparation de l'examen en fin d'année. Pour Anokin, c'est également une nouvelle et dernière année en crèche qui se profile. En début de mois, la mère d'Anokin se rend à un entretien pour le stage et, au retour, trouve à sa porte un mot. Il s'agissait d'un avis de passage d'une assistante sociale de la MDSI de Floirac, Mme N. . En effet, elle avait prévu d'effectuer un rendez-vous à domicile qui a été relayé par une lettre arrivée par la Poste le lendemain du dit-rendez-vous. Plus tard, cette assistante sociale fixe un autre rendez-vous pour expliquer son inquiétude. Sa collègue qui a vu Anokin et sa mère au mois d'Août trouve que l'enfant bouge énormément et elle a contacté la crèche pour savoir comment cet enfant s'y comporte.

La crèche a dit à cette assistante sociale qu'Anokin bougeait beaucoup, ne participait pas forcément à toutes les activités et qu'il accusait sans doute un petit retard de langage. C'est ainsi Anokin fait un test auditif au CHU de Bordeaux, afin de savoir s'il entend bien. De plus, l'assistante sociale insiste sur la possibilité de consulter au CMPEA (Centre Médico-Psychologique de l'Enfant et de l'Adolescent) de Cenon. Ce que la mère fait.

DÉCEMBRE 2006

Les résultats du test auditif tombent : Anokin entend parfaitement. L'info est relayée au CMPEA qui propose de voir Anokin, afin de rechercher une piste psychologique qui pourrait perturber l'acquisition de la parole et qui provoquerait son manque de concentration ou d'opposition aux activités en crèche ; c'est ainsi qu'Anokin verra 4 fois une psychologue, puis 1 fois une psychomotricienne et une orthophoniste. Suite à cela, on explique à la mère d'Anokin, qu'après un bilan, on décidera une suite pour un suivi ou pas.

JANVIER 2007

La mère d'Anokin est reçue par le chef de service du CMPEA. Il n'a pas encore de bilan complet mais il le communiquera plus tard dès que fait. Cela étant, il évoque 3 options :

- Une entrée en école maternelle avec un éventuel suivi orthophonique et psychologique (soit les points déjà mentionnés avant l'évaluation) en CMPEA ou ailleurs en libéral.

- Un dispositif SESSAD (Service d'Éducation Spécialisée et de Soins à Domicile) où Anokin irait à mi-temps à l'école et le reste du temps dans un établissement qui pourra octroyer de l'orthophonie et des rencontres avec un(e) psychologue.

- Une entrée à temps complet dans un jardin d'enfant où Anokin pourra faire plein d'activités tout en bénéficiant d'un suivi avec tout ce qu'il faut (orthophoniste, psychologue, etc.). A noter que le dispositif sera « gratuit » car la sécu. le prend en charge à 100%. Ainsi, une fois les soucis résolus, il pourra entrer sereinement à l'école avec un grand « É ».

FÉVRIER 2007

Pas de nouvelles du bilan mais un rendez-vous fixé avec une nouvelle assistante sociale de la MDSI de Floirac, Mme E. : celle-ci pose sur la table un dossier à remplir.

Il s'agit d'un dossier de demande pour la MDPH (Maison Départementale des Personnes Handicapées). La mère d'Anokin lui demande pourquoi faire ces démarches alors qu'il n'y a pas de bilan d'achevé, ni communiqué, ni expliqué ... et, surtout, pourquoi la MDPH ? L'assistante sociale rétorque qu'il est vivement recommandé d'anticiper et de faire rapidement une demande à la MDPH, car cette dernière est très longue pour traiter les dossiers. De plus, il ne faut pas considérer l'enfant comme handicapé mais la MDPH est la seule structure compétente pour faire une demande en jardin d'enfant. Bref, son explication est évasive. Si Anokin avait besoin d'un suivi en établissement, il n'aurait donc pas à attendre sans solution ; en fait, il s'agit d'un principe de précaution. Ainsi, par « confiance », la mère d'Anokin remplit sous la diction voire dictée de l'assistante sociale qui mentionne le nom de « ITEP* Bellefonds » (* ITEP : Institut Thérapeutique Éducatif et Pédagogique) qui possède un jardin d'enfant. Le soir-même de ce rendez-vous, s'en suit une « googlisation » du mot MDPH, ITEP, Bellefonds, etc. : ces recherches et les renseignements trouvés ne sont carrément pas rassurants.

Mi-février, la mère, toujours sans réponse, commence à se poser des questions et réclame un rendez-vous au CMPEA, sans succès ;

Avec des questions sans réponses, la mère d'Anokin commence à regretter sa prise de décision précipitée sans savoir ce qu'il va advenir de son fils. Elle commence vivement à se remettre en question en allant jusqu'à penser qu'elle est à côté de la plaque et qu'elle a loupé quelque chose. Pire, elle remet en cause son BTS en pensant que si elle n'était pas occupée avec ses études, elle aurait été plus attentive à son fils.

MARS 2007

Début mars, un courrier provenant de la MDPH de la Gironde arrive et notifie la bonne réception d'une demande de prise en charge !? Et pas de nouvelles du CMPEA.

La mère d'Anokin rencontre l'assistante sociale vue pour remplir le dossier de demande. De plus, elle fait part de ses doutes et de ses remises en question personnelles, à savoir une culpabilisation suite aux études au détriment de son fils. Pour calmer les choses, l'assistante sociale envoie une aide à domicile (TISF - Technicienne d'Intervention Sociale et Familiale) pour donner un coup de main pour le ménage, faire les courses, bref une aide pour se concentrer davantage sur les révisions d'examen très proche et à son fils.

AVRIL 2007

Fin avril, un autre courrier de la MDPH arrive et propose une éventuelle orientation à l'ITEP Bellefonds. C'est ainsi qu'Anokin et sa mère rencontrent le pédopsychiatre de l'établissement, afin d'évaluer si une prise en charge chez eux est opportune ; (NB : un rendez-vous de 30 minutes pour la mère suivi d'un entretien individuel de 10 minutes entre le médecin et Anokin).

MAI 2007

La période d'examen démarre, avec des horaires pas très évidents et, plutard, 2 déplacements à Agen pour les épreuves orales : ainsi, Anokin va chez ses grands-parents pendant la semaine des épreuves écrites. A l'issue des écrits, Anokin revient chez sa mère et à la crèche quand un coup de fil de l'ITEP Bellefonds propose de nouveaux rendez-vous « d'évaluation ». A la mi-mai, Anokin va à 3 reprises dans l'établissement, successivement, 1 heure puis une demi-journée et enfin une journée entière. A l'issue de la journée entière (au 29 mai 2007), on explique à la mère d'Anokin que sa phase d'adaptation est terminée et qu'il est admis immédiatement dans cet établissement !

NB : Pas de bilan CMPEA, pas de commission MDPH pour la validation de prise en charge, pas d'avis explicite du médecin de l'ITEP (à part un « Nous sommes là pour vous aider »)

La mère d'Anokin se voit notifier également par l'établissement de retirer sur le champ son fils de la crèche (Plus vite, on le prend en charge, plus vite ses petits soucis disparaîtront, plus il entrera à l'école avec un grand « É » bien évidemment).

Une des tantes paternelles d'Anokin a connaissance du projet d'entrée en ITEP et prévient la mère d'Anokin qu'une fois l'enfant admis, il n'en ressortirait plus ... du moins, ce n'est plus la mère qui est décisionnaire. Pourquoi cet avertissement ? Car une de ses voisines a ses 2 enfants à Bellefonds ; on lui avait dit que cette prise en charge serait ponctuelle et finalement cela s'est éternisée. De plus, elle vit l'enfer pour avoir des informations et prévoit de faire appel à un avocat pour les obtenir.

JUIN 2007

Anokin va à l'ITEP tous les jours de 9h à 16h. Plutard, la MDPH reçoit la demande de l'ITEP et valide la prise en charge. Ce sera l'assurance maladie qui financera les 180 euros journaliers.

JUILLET 2007

La mère d'Anokin reçoit ses résultats d'examen : BTS Communication des Entreprises ob-te-nu. Après l'euphorie, s'en suit l'inscription à Pôle Emploi et des questions « Comment bosser si je ne suis disponible que de 9h à 16h car il n'y a pas de garderie dans l'ITEP ? », « Rectification faite, disponibilité que de 10h à 15h car pas de permis, pas de véhicule », « Mais comment financer le permis puis le véhicule si on bosse très peu ou pas ? »
NB : Le RMI (ancien RSA de l'époque) n'est franchement pas génial pour vivre, ni pour survivre.
Grosso modo, ces questions sans réponses solides vont rapidement remettre en cause les projets de boulots, de permis, de vie plus agréable (à savoir sortir de la survie).

SEPTEMBRE 2007

Une nouvelle année démarre et les galères financières persistent : il a même fallu quémander des colis alimentaires dont des raviolis en conserve, en guise de plat principal estival. Anokin démarre également une année dans l'ITEP et, de son côté, sa mère reprend activement la recherche de boulot (et peu importe le boulot, il faut ratisser large pour mieux manger). C'est ainsi que la maman d'Anokin trouve une mission d'intérim ... de manutentionnaire certes, mais c'est un temps-plein de 4 mois (la « faim » justifie les moyens).

Hélas, un os s'impose : Horaire 9h30 à 17h avec 45 minutes de trajet pour l'aller et jusqu'à 1 heure pour le retour.

C'est ainsi que démarre une course contre la montre pour trouver une solution de garde. 1er réflexe : contacter la MDSI car ces mesdames sont en lien avec la PMI (Protection Maternelle et Infantile) qui peut faciliter la mise en relation avec des nounous libres. Mais comme réponse un « débrouillez-vous ». Puis, coup de bol avec beaucoup de persévérance, une nounou près du domicile d'Anokin peut le garder et composer avec certaines contraintes :

Il faut emmener et récupérer Anokin dans son établissement qui se situe à 2 kilomètres de son domicile alors que cette nounou garde déjà 2 enfants dont un nourrisson et elle n'est pas véhiculée. Les lieux sont mal desservis par les transports en commun. Pourtant, l'ITEP dispose d'un bus de ramassage qui passe à 100 mètres du domicile de la nounou mais l'ITEP refuse car il faudrait que l'enfant suive une période d'adaptation pour prendre ce bus. C'est finalement grâce à une bonne gueulante de la mère auprès de l'ITEP qu'Anokin pourra enfin prendre le bus.

DÉCEMBRE 2007

Après un bras de fer pour faire obtenir un rendez-vous avec l'ITEP qui ne propose qu'un entretien soit à 11h30 ou 15h, le mardi ou le vendredi, une conversation avec le pédopsychiatre de l'ITEP peu loquace ravive les doutes sur le bien-fondé de cette prise en charge. De plus, la mère d'Anokin demande s'ils savent nommer les soucis de son fils. Le médecin répond avec un expéditif « Il nous faut temps pour savoir ce qu'il en est ».

JANVIER 2008

La nounou d'Anokin (et les autres enfants gardés) ont pris beaucoup sur eux en prenant racine à plusieurs reprises à l'arrêt du bus de ramassage (des retards pouvant aller jusqu'à 30 minutes), le tout sous la pluie, le vent, le froid. De plus, une maman a contacté la nounou pour faire garder son bébé à plein temps, soit bien plus de temps qu'Anokin ; donc plus rentable. C'est ainsi que la mère d'Anokin reçoit un préavis : dès mars 2008, plus de nounou pour Anokin.

FÉVRIER 2008

Rebelote concernant la course contre la montre pour trouver une solution de garde : un contact avec une assistante sociale qui botte en touche par un « Mais Madame, c'est vous qui avez choisi de travailler ». Implicitement, cela veut dire : « Débrouillez-vous, il aurait fallu choisir de ne pas bosser et de crever avec le RMI, comme toute bonne mère élevant seule son enfant ».

Pour supprimer le frein du « Se rendre à l'arrêt de bus et poireauter jusqu'à plus d'heure par tous les temps », la mère fait une demande auprès de l'ITEP pour avoir une place dans un des taxis dont ils disposent pour ramener Anokin directement au domicile de la future nounou.

Seulement les prospections à la RAM (Relai Assistantes Maternelles) de la commune et de ceux des communes voisines, afin d'appeler toutes les nounous s'avèrent sans succès. En même temps, lorsqu'on mentionne qu'un enfant est dans un établissement spécialisé, bizarrement on n'est pas très chaud pour garder un enfant éventuellement handicapé.

Plus de nounou et la recherche d'une nouvelle assistante maternelle est un vrai fiasco. La mère d'Anokin est dans l'obligation de refuser du boulot tout en étant endettée car elle a démarré le permis de conduire et l'autofinancement qui va avec.

Néanmoins, une expression dit bien « Tout problème a sa solution ». C'est ainsi qu'une recherche sur Internet s'est révélée riche d'informations ; en effet, le site de la MDPH de la Gironde et celui de la CAF évoquent l'existence d'une solution afin de pallier l'impact d'une prise en charge médicale d'un enfant sur l'activité professionnelle des parents et, par conséquent, la situation financière précarisée.

Il s'agit de l'AEEH (Allocation d'Éducation d'un Enfant Handicapé) : elle permet de compenser une perte partielle ou totale des revenus due à la restriction de l'activité professionnelle. Elle permet également de faciliter l'embauche d'une tierce-personne et d'en payer les frais, notamment l'emploi d'une nounou pour le temps périscolaire d'Anokin. De plus, les conditions d'attribution sont là : Anokin fréquente un établissement spécialisé, les activités professionnelles de sa mère en sont impactées et l'embauche d'une tierce-personne pour l'accueil périscolaire est indispensable depuis l'entrée d'Anokin dans cet ITEP ;

La mère d'Anokin retire ainsi un dossier de demande à la MDPH, le remplit et transmet le certificat médical à remplir par un médecin ; logiquement, le certificat est donné au médecin de l'ITEP car il est censé connaître la situation médicale d'Anokin et il peut attester des raisons et des conditions de sa prise en charge.

Sauf qu'au bout d'une semaine après avoir transmis le document, pas de nouvelles. Un coup de fil s'impose afin de savoir si l'ITEP a bien reçu le certificat à remplir. On transmet l'appel à l'assistante sociale de l'ITEP, Mme Du. qui explique que le certificat médical a été rempli par le médecin de l'établissement mais qu'il n'a pas le droit de donner le document à la mère d'Anokin. De plus, l'établissement souhaite récupérer le reste du dossier de demande AEEH et il l'enverra par la suite à la MDPH.

Intriguée par les explications confuses de l'assistante sociale, la mère d'Anokin demande pourquoi on ne peut donner un certificat médical à la représentante légale d'un patient mineur. L'assistante persiste en jouant la carte du mutisme. Lassée par 45 minutes de débat téléphonique, la mère explique qu'elle demandera au médecin traitant d'Anokin de remplir ce fameux certificat pour compléter le dossier MDPH.

Le lendemain, l'ITEP change d'avis et transmet leur certificat médical rempli par le médecin de l'ITEP sous pli cacheté. La mère d'Anokin joint l'enveloppe dans le dossier qui est déposé à la MDPH de la Gironde.

AVRIL 2008

Excédée pour la galère, la mère d'Anokin accepte, malgré tout, une mission d'intérim prévue dès la fin avril. Mieux encore, une amie travaillant dans une mutuelle santé donne le tuyau d'un CDD - Temps plein - Horaire de bureau - de Juin 2008 à Janvier 2009. C'est donc l'occasion d'avoir du boulot stable pour finir le financement du permis B et de la voiture. A nouveau, la maman contacte la MDSI de Floirac et menace à la fois de mettre Anokin chez ses grands-parents le temps de ces missions et de relayer le besoin urgent d'une nounou directement auprès du Président du Conseil Général de la Gironde.

Une semaine plutard, elle reçoit un appel de Mme E., l'assistante sociale de la MDSI, pour l'informer qu'on a trouvé une nounou pour garder Anokin sur le temps périscolaire. Par esprit de « solidarité » face à une situation financière précaire de la mère, l'assistante sociale explique que pour aider à payer le salaire de la nounou sans difficulté, la mère d'Anokin recevra le soutien du Conseil Général de la Gironde et n'aura même qu'à débourser que 30 euros par mois pour la rémunération de l'assistante maternelle. Le CG33 paiera la différence ;

Pour ce faire, il faudra signer un contrat d'Accueil Provisoire ; Dans les faits réels, il faut savoir qu'un Accueil Provisoire est un placement comme on peut le faire pour un enfant en danger ! Mais, l'assistante sociale explique à la mère d'Anokin qu'il s'agit d'une astuce de travailleur social pour contourner une problématique administrative ou financière. Et franchement, prise à la gorge par la fin du mois qui tombe dès le 10 du mois, la mère n'est pas regardante à cette astuce de contournement qui semble être, à ce moment-là, anodine.

MAI 2008

Anokin a enfin une nounou et sa mère a repris le boulot. La nounou d'Anokin se demande comment aborder cet enfant qui est dit-handicapé. L'assistante sociale de la MDSI lui garantit que l'ITEP la recevra afin de pouvoir, elle aussi, être utile à Anokin. Seulement, elle ne sera jamais reçue, ni contactée par l'établissement.

Autre changement : la mère d'Anokin change d'assistante sociale de MDSI car celle-ci changerait de poste. C'est une nouvelle assistante sociale, Mme La. qui sera l'interlocutrice.

JUIN 2008

Nous sommes à la fin de la première année d'Anokin dans son ITEP : face à l'absence d'informations de l'établissement et de constatation d'avancée notoire sur son fils, la mère souhaite rencontrer l'équipe qui s'occupe de son enfant. Un entretien est organisé avec le médecin de l'ITEP peu disposé à décrire le déroulement de l'année écoulée et l'orthophoniste qui ne peut pas donner d'informations : cette dernière s'occupe d'Anokin depuis 2 semaines, seulement.

De plus, la mère d'Anokin demande s'ils ont une idée de ce qui pose problème chez son fils ; et comme elle avait fait ses propres recherches, elle mentionne l'éventualité d'un diagnostic médical, comme de l'hyperactivité (pour expliquer le manque de concentration pour les activités à la crèche) ou de l'autisme (pour expliquer le retard de langage qui a peu évolué depuis la prise en charge dans cet ITEP d'ailleurs). La mère se dit que le médecin a dû nommer le problème, car le certificat à fournir à la MDPH (que ce soit pour une prise en charge en établissement spécialisé ou pour une demande d'AEEH) réclame de renseigner le champ « Diagnostic médical », « Pathologie associée » et « Déficience ».

Le médecin rétorque qu'il s'agit de ni d'autisme (ou autre forme) ni d'hyperactivité et qu'il faut leur laisser du temps pour établir un diagnostic.

JUILLET 2008

Le dossier de demande d'AEEH est validé par la commission ; il est noté qu'Anokin a un taux d'incapacité de 50 à 75%. Sur quelle base ? La mère d'Anokin s'interroge et elle est de plus en plus persuadée qu'un diagnostic médical a été posé mais qu'on ne veut pas lui communiquer.

JANVIER 2009

La mère d'Anokin reçoit un document de 8 pages préremplies par l'ITEP ; C'est un formulaire « Identification de l'adulte ou de l'enfant concerné par la demande » qui doit être envoyé à la MDPH. En résumé, il s'agit d'une « demande relative à un parcours de scolarisation, de formation ou de soins en établissement ou service médico-social », afin de prolonger la prise en charge d'Anokin dans l'ITEP :

- Page 1 : Identification de l'enfant concerné (Nom, prénom, date de naissance, numéro de sécurité sociale, nom de la caisse de sécu, etc....).

- Page 2 : Renseignements sur les parents (nom, prénom, adresse, numéro de tél, etc.).

- Page 3 : Identification de l'organisme payeur (numéro de CAF, coordonnées du demandeur).

- Page 4 : Situation de famille (Nom de l'enfant, Date de naissance, « ITEP Bellefonds » comme scolarité, lien de parenté).

- Page 5 : D'autres champs qui ne concernent pas Anokin et sa mère puis un autre champ où la mère d'Anokin doit signer et dater.

- Page 6 : Demande relative à un parcours de scolarisation, de formation ou de soins en établissement ou service médico-social. Il est coché « Renouvellement » - Date d'échéance au 31/07/2009 et il est pré-rempli le nom et numéro de sécurité sociale d'Anokin ainsi que le nom et coordonnées de l'ITEP. Il faut également préciser la demande où la mère consent et écrit son accord à cette prise en charge jusqu'en juillet 2010.

- Page 7 : Les coordonnées de l'établissement actuellement fréquenté par Anokin, à savoir l'ITEP Bellefonds.

- Page 8 : Renseignement sur d'autres types d'accompagnement mais ce n'est pas le cas d'Anokin.

- Page 9 : La mère date, signe et coche «Demande simplifiée» en ajoutant « mais je souhaite obtenir des retours de la commission, merci ! ».

Il faut savoir que pour une demande de ce type, la MDPH doit recevoir le document précédemment cité et rempli mais aussi :

- Un feuillet de renseignements scolaires rempli par l'enseignant envoyé par l'Éducation Nationale (que la mère d'Anokin n'a jamais rencontré).

- Une évaluation sociale effectuée par une assistante sociale (ici, par celle de l'ITEP, Mme Du., que la mère d'Anokin n'a jamais rencontrée - à part la longue conversation téléphonique pour récupérer le fameux certificat médical du mois de Mars 2008).

- Un feuillet de renseignements éducatifs renseigné par les éducatrices du jardin d'enfant de l'ITEP (là encore, des intervenantes que la mère d'Anokin n'a jamais rencontrée).

- Un compte-rendu d'examen psychologique effectué par un(e) psychologue (ici encore, par celui ou celle de l'ITEP que la mère d'Anokin n'a jamais rencontré).

- Un feuillet de renseignements médicaux (où il faut obligatoirement renseigner le handicap présenté). Ici ce sera le médecin de l'ITEP qui le remplit.

Bref, un dossier très fourni afin que la commission valide la prolongation (et le financement) de prise en charge d'Anokin. Là où le bât blesse, c'est que ces documents cités n'ont jamais été communiqués à la mère d'Anokin ; Or, il ne faut pas oublier que ce type de prise en charge demande à l'établissement médico-social de travailler en étroitement collaboration avec les parents ! C'est également écrit dans les textes législatifs de 2005 qui régissent les ITEP. A cela s'ajoute le Code de la Santé Publique exigeant qu'un professionnel de santé informe son patient (ou ses parents s'il est mineur).

AVRIL 2009

La MDPH valide le renouvellement de la prise en charge en ITEP ... jusqu'en juillet 2011.

JUIN 2009

Pour cette fin d'année de prise en charge, la mère d'Anokin est reçue par le médecin de l'ITEP ; elle lui demande s'il a émis un diagnostic : « Toujours rien » lui dit-il. Elle demande également à rencontrer d'autres intervenants de l'ITEP notamment les 2 éducatrices qui s'occupent du groupe d'enfant d'Anokin. Ainsi, elle pourrait savoir comment évolue son fils. « Ce n'est pas possible » lui répond le médecin.

NB : La mère d'Anokin se réjouit du fait qu'Anokin comptait jusqu'à 20 et des quelques acquis liés à ses jeux à la maison ... mais le médecin lui affirme que ce n'est pas vrai (ok, sous-entend-il que la mère et l'entourage d'Anokin ont fait l'objet d'hallucinations collectives ?!?).

SEPTEMBRE 2009

Anokin reprend une nouvelle année à l'ITEP et semble ne pas être serein : il faut dire qu'Anokin s'est fait plusieurs fois agressé physiquement par des enfants de l'ITEP dont un garçon qui le griffe sérieusement et régulièrement au visage. Alors que sa mère entame une formation « Webdesign et Conception de site web », elle est victime d'une rupture d'anévrisme et hospitalisée pendant 16 jours. En fait, il s'agit à la fois d'un coup dur et d'une opportunité de comprendre que la vie est précieuse et qu'elle va veiller davantage aux intérêts de son fils ;

Pendant cette hospitalisation, Anokin est gardé la semaine par la nounou le soir, la nuit et matin, à son domicile qui est le plus près géographiquement de l'ITEP. Le week-end, Anokin est chez ses grands-parents.

OCTOBRE 2009

La mère d'Anokin sort de l'hôpital (après avoir été très bien soignée par l'équipe du service neurologie du CHU de Bordeaux). En effet, pas de séquelles ;

Cela étant, la prise de conscience que la vie ne tient qu'à un fil a motivé à souscrire plusieurs assurances dont une assurance prévoyance au bénéfice d'Anokin.

Un changement d'état d'esprit s'est révélé : il faut absolument éclaircir les doutes sur les interrogations autour de la prise en charge d'Anokin dont la question légitime de tout parent : « Quel avenir pour mon enfant ? ».

De plus, une agréable surprise a émergé : c'est l'assistante sociale de la MDSI, Mme La. ; En plus d'avoir été un soutien précieux pour Anokin et sa mère, elle est une jeune mère qui comprend parfaitement les interrogations de la mère d'Anokin. C'est pourquoi elle contacte l'ITEP pour y être reçue, sauf que l'ITEP ne l'entendra pas de cette oreille et ne la recevra jamais.

NOVEMBRE 2009

La mère d'Anokin obtient un rendez-vous avec le médecin de l'ITEP ; premièrement, elle « bombarde » de questions. Faute de réponses, elle lui demande directement « Quel est réellement votre projet pour Anokin ? Quand pensez-vous qu'Anokin sera en mesure à fréquenter l'école avec un grand « É » ? » Et sèchement le médecin répond qu'Anokin n'ira jamais à l'école. Deuxièmement, elle réclame à pouvoir rencontrer les autres intervenants de cet ITEP mais, comme en juin, le médecin rétorque que c'est impossible et, d'ailleurs, c'est lui l'unique interlocuteur que les parents peuvent rencontrer ... car le fonctionnement de l'ITEP Bellefonds est ainsi !

JANVIER 2010

La MDPH envoie un formulaire de renouvellement pour l'AEEH :
Comme en mars 2008, la mère d'Anokin fait parvenir le certificat médical à remplir par le médecin de l'ITEP.
Comme en mars 2008, le médecin refuse de donner le certificat médical rempli.
Comme en mars 2008, la mère d'Anokin menace de s'adresser à son médecin traitant.
Comme en mars 2008, l'ITEP change d'avis le lendemain et met le certificat sous pli cacheté dans le sac d'Anokin que sa mère trouvera le soir, en allant récupérer le petit chez la nounou.
Mais contrairement à mars 2008, la mère d'Anokin ouvre l'enveloppe cachetée devant la nounou et une maman (et accessoirement institutrice) qui venait récupérer ses filles.
Et surprise, le champ «diagnostic médical» a été

complété. Il est écrit « dysharmonie d'évolution ». Toute l'assistance s'est regardée perplexe en se demandant ce qu'est une « dysharmonie d'évolution ». Autre surprise, plusieurs champs ont été renseignés par le médecin, Anokin serait également dans l'incapacité de :

- marcher
- manger et boire seul
- aller aux toilettes
- s'habiller et se déshabiller
- assurer son hygiène comme se brosser les dents seul, se laver

Il est noté également qu'Anokin n'est pas en mesure de faire de déplacement en extérieur seul (En même temps, laisseriez-vous un enfant de 6 ans se balader seul dehors ?!). Or l'enfant a toujours eu un bon développement psychomoteur depuis sa naissance. Il a toujours été vu par un médecin en PMI puis par le médecin traitant pouvant l'attester. Il n'a jamais été question de problème ou de retard à ce niveau ... et sa mère l'aurait remarqué. Même chose pour ses grands-parents et la nounou.

Pensant à une erreur « d'étourderie » du médecin mais aussi intriguée par l'évocation du manque criant de transparence de l'ITEP, la maman institutrice conseille d'envoyer une demande de rendez-vous par lettre recommandée, afin de rencontrer le médecin et l'ensemble des intervenants de la prise en charge.
Cela étant, la mère d'Anokin envoie le dossier de demande AEEH et réclame un rendez-vous à l'ITEP ;
C'est également ainsi que débutent plus de 2 ans de recherches sur Google, sur l'océan des forums et sites web évoquant le terme de « dysharmonie d'évolution » alias un dérivé de l'autisme. Toutefois, cela n'explique pas les nombreuses déclarations erronées sur le certificat médical.

JUIN 2010

Un rendez-vous est proposé à la mère d'Anokin mais seulement qu'avec le médecin de l'ITEP. Elle téléphone pour rencontrer au moins l'instituteur (trice) que doit envoyer obligatoirement l'Éducation Nationale dans l'établissement. En effet, Anokin a 6 ans depuis janvier 2010. Par conséquent, il doit éventuellement avoir eu une instruction équivalente à la maternelle mais surtout il est censé bénéficier, comme tout enfant, de l'instruction scolaire obligatoire, dès la rentrée 2010.

(Et sans surprise) refus du médecin ! Soit, la mère d'Anokin lui indique qu'elle ne viendrait pas rencontrer le médecin tout qu'elle ne verra pas au moins l'intervenant(e) de l'Éducation Nationale.

SEPTEMBRE 2010

C'est la rentrée : c'est également une 4ème année qui débute à l'ITEP. Anokin a son cartable Spiderman tout neuf contenant un cahier pour l'écriture, un crayon à papier et une gomme. Sa mère les a achetés pendant l'été, sans pour autant avoir de liste de fournitures donnée par l'ITEP. Il s'agit d'un début, peut-être la liste complète sera fournie à la rentrée.

NB : La CAF qui inscrit automatiquement un parent dont l'enfant est en âge de scolarité obligatoire en éligibilité à l'ARS (Allocation de Rentrée Scolaire) ne l'a pas notifié. En gros, l'enfant n'est pas considéré comme scolarisé pour la CAF. Peut-être un couac administratif car Anokin n'est pas inscrit à son école de secteur. En effet, tout enfant même handicapé et/ou fréquentant un établissement spécialisé peut être inscrit à son école de secteur. Or, la mère d'Anokin n'a jamais reçu d'informations à ce sujet ; mieux encore, l'assistante sociale de la MDSI, Mme E., vue en 2007 a expliqué à la mère d'Anokin que l'enfant n'était pas obligé d'être inscrit administrativement à son école de secteur. « C'est inutile » avait-elle résumé.

NOVEMBRE 2010

Enfin ! Un rendez-vous avec l'institutrice et le médecin de l'ITEP est programmé pour la fin du mois ; ce sera non seulement l'occasion d'obtenir des précisions sur le diagnostic émis sur le certificat médical mais aussi de comprendre pourquoi il n'a pas été donné de liste de fournitures et de découvrir ce qu'Anokin a travaillé depuis la rentrée : car aucun cahier de rempli, aucun devoir, aucun emploi du temps, bref le néant concernant la scolarité qu'il est censé avoir.

Au début de cet entretien, c'est une conversation qui débute entre la mère d'Anokin et l'institutrice. Le médecin, présent se fait discret. L'agent de l'Éducation Nationale raconte qu'Anokin fait de l'apprentissage de l'écriture et de lecture. La mère d'Anokin demande alors s'il y a des cahiers sur lesquels l'enfant a pu travailler, notamment écrire. Négatif, il n'y a pas de cahier à présenter (ou même des feuilles volantes comme à la maison où Anokin s'amuse à écrire). Peut-être Anokin s'exerce à écrire seulement sur un tableau ? C'est non. Alors, où écrit-il ? Directement sur la table ou le mur de la salle de classe ?!

En parlant de salle de classe, la mère demande à l'institutrice des détails sur le déroulement des cours (car Anokin raconte peu de choses à ce sujet, le soir et, par contre, il répète qu'il a joué à kapla quasiment toute la journée et que cela commence être ennuyant comme activité). Elle répond qu'Anokin est dans un groupe multi-niveaux composé de 3 à 4 autres enfants. De plus, il ne bénéficie en réalité que du programme de grande section de maternelle. « Comment se fait-il donc ? » demande interloquée la mère ; en fait, Anokin a démarré le bénéfice d'une instruction scolaire de maternelle qu'en septembre 2008 (il avait déjà 4 ans et demi) et non en septembre 2007. Et logiquement au calendrier, il n'en est qu'à débuter le programme de grande et dernière section de maternelle à l'âge de 6 ans et demi ?!

Perplexe, la mère d'Anokin s'adresse au médecin de l'ITEP pour avoir des explications ; il répond qu'il estimait qu'Anokin n'était pas prêt pour faire des activités d'apprentissage pour l'année 2007/2008.

Anokin n'a pas fait de travail sur le plan orthophonique et aucun travail de programme de petite section de maternelle ; alors qu'a-t-il fait pendant sa première année de prise en charge complète dans cet ITEP ?

Fidèle à lui-même, le médecin ne répond pas et tend un dossier en le tournant sur une des pages à signer et dater. Dans le même temps, il enchaîne sur le fait qu'il pense qu'Anokin fait des progrès et qu'il peut passer en P2. Il faut comprendre qu'il s'agit d'un autre groupe d'enfants plus âgés - de 6 à 12 ans - dans lequel Anokin doit entrer l'année suivante. Bien évidemment, il doit rester en ITEP mais il aura quelques heures de plus pour faire de l'apprentissage scolaire (équivalent du CP pour commencer à 7 ans et demi, donc).

La mère d'Anokin demande donc quelles sont les justifications de cette nouvelle prolongation en ITEP. Y a-t-il un diagnostic médical pour nommer le(s) problème(s) dont Anokin pourrait avoir ?

Et comme réponse « non, il nous faut du temps pour savoir et poser un diagnostic » ! Pensant que le médecin a mal compris la question, la mère réitère la question et le médecin réitère la même réponse ; Aurait-il une amnésie soudaine, ce professionnel de santé qui a établi un certificat médical et émis le fameux diagnostic de « dysharmonie d'évolution » ? De plus, il insiste pour signer le dossier de demande MDPH, afin de renouveler cette prise en charge dite-médicale car c'est très pressé, selon lui.

Face à cette tentative maladroite d'arracher une signature tel un commercial qui presserait une personne âgée de souscrire un abonnement annuel et tacitement reconductible pour télécharger à volonté des dessins animés, la mère d'Anokin refuse de signer et demande de la réflexion et SURTOUT des informations complètes sur cette prise en charge médicale qui dure depuis mai 2007.

C'est ainsi la 1ère fois que la mère d'Anokin demande le dossier médical de son fils. Le médecin note sur son calepin et fixera un rendez-vous avec la directrice pour consulter le dossier d'Anokin.

DÉCEMBRE 2010

3 semaines se sont écoulées. Et ni un coup de fil ni un déplacement sur place pour relancer la demande de dossier médical n'aboutissent.

« Pression pour faire signer et envoyer le dossier MDPH de prolongation » VS « Lenteur déconcertante pour avoir un rendez-vous avec la directrice » : que de paradoxes dans cette situation qui devient franchement pénible.

JANVIER 2011

La mère d'Anokin obtient un rendez-vous avec la directrice de l'ITEP pour la fin du mois. A cet entretien qui a lieu un vendredi soir, la chef d'établissement tient en main 2/3 feuilles manuscrites dont elle se réfère pour développer son argumentaire : il faut qu'Anokin reste dans cet établissement jusqu'à ses 12 ans ; ensuite, il ira dans un IMPRO (Institut Médical Professionnel).

« Qu'est-ce qu'un IMPRO ? » questionne la mère. La

directrice répond simplement qu'à Anokin ne pourra plus fréquenter l'ITEP à l'issue de ses 12 ans car c'est l'âge limite de prérogatives de prise en charge de leur établissement. Par conséquent, il faudra bien qu'il aille quelque part. A noter que la directrice ne mentionne nullement le terme de « dysharmonie d'évolution ».

Face à une explication ressemblant à une feinte footballistique foireuse, la mère d'Anokin ne souhaite pas signer et demande à nouveau le dossier médical complet. La directrice insiste, propose un temps de réflexion pour se renseigner sur ce qu'est un IMPRO et dit qu'il faut absolument que l'ITEP envoie le dossier de renouvellement de prise en charge pour le lundi suivant, soit à peine un week-end pour réfléchir. Le soir même, un googlisation du mot IMPRO évoque un établissement pour personnes sortant IME (Institut Médico-Éducatif) et ayant des soucis de déficiences intellectuelles où on apprend en milieu professionnel à travailler le bois, la cuisine, la couture, etc.

Le lundi suivant, la mère d'Anokin peu convaincue réitère la demande du dossier médical mais aussi le dossier scolaire que l'ITEP est censé tenir pour informer l'Éducation Nationale sur l'instruction obligatoire de son fils.

MARS 2011

Sans réponse de l'établissement, la mère d'Anokin se rapproche d'une juriste du CIDFF (Centre National d'Information et de Documentation des Femmes et des Familles) de Bordeaux. Celle-ci préconise d'envoyer concrètement les demandes de dossier par lettre recommandée avec accusé de réception.

AVRIL 2011

Après l'envoi de 2 lettres recommandées, un rendez-vous est fixé avec la directrice et le médecin de l'ITEP pour consulter le dossier médical. Par contre, il est stipulé qu'il faudra attendre la sortie effective et définitive d'Anokin de l'établissement pour obtenir la copie du dossier !

En arrivant à l'entretien, il est tendu à nouveau le dossier de renouvellement MDPH pour le signer. Face aux manques de transparence et au non-respect équivoque des droits d'un patient (et de ses parents), la mère d'Anokin signe ... sur la partie « désaccord » pour une prolongation de prise en charge devenue plus que floue.

Après cela, la mère suit le médecin et la directrice dans le bureau de cette dernière. La chef d'établissement pose sur sa table un ensemble de documents :

- 4 feuilles typographiées résumant la partie médicale (résumé clinique + orthophonie) sur les 4 dernières années (Il n'y a pas de mention du diagnostic « Dysharmonie d'évolution »)

- Des fiches d'évaluations sur les acquisitions scolaires (acquis, non acquis, en cours d'acquisition). A noter qu'Anokin a fait beaucoup d'acquisitions, contrairement à ce que le médecin n'a cessé de dire.

- Une fiche de renseignements éducatifs remplie par une éducatrice. Il s'agit d'une pièce à rajouter dans la demande de renouvellement MDPH. Ici, cette employée de l'ITEP se prononce pour une prolongation.

- Une fiche de renseignements psychologiques remplie par un psychologue indiquant une prolongation car la relation avec autrui et les progrès d'Anokin seront, selon lui, améliorés grâce à la fréquentation de l'ITEP.

- Un certificat médical datant du jour du rendez-vous (26 novembre 2010) avec le médecin de l'ITEP et de l'institutrice. Ce document n'avait pas été présenté à la mère au moment de cet entretien. Élément intéressant : il y est annoté « Dysharmonie d'évolution » sur le champ « diagnostic médical ».

Bien évidemment, la mère d'Anokin pose tout de suite des questions sur la fameuse « dysharmonie d'évolution » en faisant fi de le découvrir et de n'avoir jamais fait de recherches sur le sujet. Le médecin répond que cela veut dire que sur des points Anokin est évolué normalement et d'autres points il est en retard.

A la question « Quand avez-vous posé ce diagnostic ? », ce professionnel de santé répond qu'il ne sait plus et que ce n'est pas important. La mère d'Anokin insiste et, devant le silence du médecin, sort de son sac la photocopie du certificat médical émis en janvier 2010.

La directrice s'énerve et se met hurler que si la mère n'est pas contente du fonctionnement de l'ITEP, elle peut retirer son fils immédiatement.

Plus tard, il s'en suivra des rafales de questions liées à la lecture des documents présentés mais le médecin refuse de répondre. La mère insiste à nouveau mais on lui rétorque qu'elle n'a qu'à consulter un dictionnaire médical.

De plus, la mère réclame d'autres documents car le dossier est très mince et n'est pas complet ; La directrice et le médecin ne répondent rien. En partant, la mère d'Anokin leur indique qu'elle demandera à nouveau le dossier complet par lettre recommandée avec accusé de réception. Ce qu'elle fera le lendemain du dernier rendez-vous car la consultation du dossier s'est faite en 3 entretiens distincts.

La mère continue de voir la juriste du CIDFF et prend un rendez-vous à la MDSI de Floirac, pour relayer les faits. Or l'assistante sociale a changé (Mme La. est en congé maternité) et c'est une nouvelle assistante sociale, Mme M. qui reprend le dossier.

Celle-ci propose d'inscrire Anokin au centre de loisirs de Floirac, afin de savoir comment il évolue dans une autre structure. Ainsi, on pourra avoir un regard neutre des personnes qui ne connaissent pas Anokin. (NB : La mère avait souhaité inscrire son fils en centre de loisirs auparavant mais le médecin de l'ITEP lui avait fortement déconseillé.)

De plus, la nounou d'Anokin est au courant des relations tendues avec l'ITEP et confie qu'elle n'est pas étonnée : Effectivement, un de ses amis a eu son fils dans cet établissement et il a constaté la même opacité de la part de l'équipe de cette structure. Il a d'ailleurs retiré son fils de cet ITEP en passant par le tribunal administratif.

Enfin, la mère d'Anokin sait déjà qu'elle ne réinscrira pas son fils en milieu spécialisé, écœurée et fatiguée par les agissements de l'ITEP Bellefonds.

Anokin qui fréquente ses cousines, les enfants allant chez la même nounou et d'autres enfants d'amis avait déjà entendu parler de l'École et n'avait de cesse depuis des mois de réclamer à y aller comme les autres. D'autant que le petit garçon lit, écrit et compte de mieux en mieux.

C'est alors que la mère d'Anokin se rend à la mairie pour inscrire son fils à l'école et, dans la foulée, prend rendez-vous avec l'école primaire Albert Camus.

NB : 15 jours après l'envoi de la lettre recommandée destinée à l'ITEP pour le dossier médical complet, aucun feuillet de la Poste informant de l'accusé de réception n'arrive dans la boîte aux lettres du domicile d'Anokin.

Le mystère de l'accusé de réception qui n'arrive pas se lève : en effet, la mère d'Anokin reçoit un avis de passage de la Poste pour récupérer un courrier. Il s'agit de la lettre recommandé envoyée le lendemain du 3ème entretien avec l'ITEP ! Ils ont bien reçu un avis de passage avec une annotation « pas de sonnette » mais ils ne se sont pas rendus à leur bureau de Poste de leur secteur pour retirer la missive. En même temps, la mère d'Anokin aurait dû éviter de dire qu'elle allait leur envoyer une demande par la Poste : résultat, ils ont du bien se douter du nom de l'expéditrice de la lettre.

Dans le même temps, Anokin fréquente le centre de loisirs le mercredi et il y ira pendant les vacances d'été. L'assistante sociale, suivant la situation, passe un coup de fil, afin de savoir comment s'y comporte l'enfant. La structure n'a rien à signaler ce qui rejoint les retours que donnent l'enfant et les moniteurs de son groupe à la mère, lorsqu'elle vient chercher son fils sur place.

Quant à l'assistante sociale, elle est également mise au courant de la péripétie de la lettre recommandée et se rend avec une puéricultrice PMI, Mme C. (qui a déjà vu Anokin auparavant) à l'ITEP pour obtenir le dossier et de connaître les causes de leur absence de coopération avec les parents, car la mère d'Anokin n'est pas la seule dans ce cas. Sans résultat ... pour changer.

De son côté, la mère d'Anokin se prépare à être reçue par la directrice de la future école de son fils. A la prise de rendez-vous, elle avait indiqué qu'elle ne souhaitait pas que son fils entre en CE1 (vu l'âge de l'enfant) mais en CP car il n'existe pas de preuve ou de trace démontrant qu'Anokin a effectué le programme de CP ; de plus, elle a informé que son fils n'a jamais été à l'école (ni en maternelle, ni en primaire) et qu'elle redoutait que ce soit un énorme changement pour Anokin. C'est pourquoi elle prend un rendez-vous avec le CMPEA de Cenon pour voir un pédopsychiatre, afin d'avoir un nouveau point de vue et peut-être des éléments concernant son fils. Ce sera l'occasion d'observer et de suivre le bouleversement que va être l'entrée à l'école avec un grand « É ». Elle estime également qu'il faut qu'Anokin continue à voir un(e) orthophoniste, ne serait-ce que pour avoir un bilan et d'y travailler dessus si besoin.

Ainsi la directrice de l'école, Mme Sar., reçoit la mère d'Anokin avec la présence de la psychologue scolaire, Mme F., lors de l'entretien d'inscription. La mère tente de persuader la psychologue scolaire de réclamer le dossier médical mais elle ne peut car elle n'est pas un médecin. Cela étant, la mère lui indique qu'elle peut demander le dossier scolaire pour savoir quel est le niveau du petit. A la fin du rendez-vous, il est assuré à la mère que l'école se rapprochera de l'ITEP pour connaître le parcours d'Anokin pour mieux l'accueillir à la rentrée.

NB : La psychologue scolaire semblera, espérons, une interlocutrice intéressante auprès de l'ITEP Bellefonds car elle dit y avoir travaillé pendant des années.

SEPTEMBRE 2011

C'est la rentrée des classes et une grande découverte pour Anokin qui met les pieds à l'École pour la 1ère fois de sa vie.

Journée spéciale donc au menu du petit déj': Croissants achetés, le matin même, chez l'artisan-boulanger comme c'est le cas normalement un dimanche. Puis on enfile le cartable (le Spiderman quasi-neuf car non utilisé l'année précédente) mais qui est, cette fois-ci, bien garni et embaumé des fournitures tout neufs et prêts à l'emploi depuis le mois de juillet.

Arrivés à l'école, Anokin et sa mère improvisent une petite séance-photo puis recherchent des visages familiers qu'Anokin aurait pu rencontrer au centre de loisirs. Au bout de 20 minutes, le nouvel écolier rejoint sa classe et entame ainsi son année de CP.

Mais quelques jours après la rentrée, la mère d'Anokin reçoit à la fois un mot de la maîtresse et de la psychologue scolaire.

En effet, Anokin a dit un élève que ses dents ressemblent à celles d'un lapin et à un autre qu'il est gros. De plus, lors d'une sortie (promenade-exploration en forêt), Anokin a dit à une fille qu'elle ressemblait à sa mère alors il s'est amusé à l'appeler «maman». C'est pourquoi la maîtresse a demandé au « perturbateur incontrôlable » de lui donner la main pendant le reste de la promenade, ce qu'Anokin n'a pas voulu en premier lieu, de peur d'être traité de « bébé » par ses camarades.

A cela s'ajoute la conversation téléphonique qu'a eue la directrice de l'école avec l'ITEP Bellefonds, toujours remonté par la pénible mère d'Anokin qui ne lâche rien pour obtenir des informations sur la prise en charge. Lors de leur discussion, la direction de l'ITEP s'est dite en colère du désaccord de la mère de ne pas renouveler la prise en charge. Elle a même pensé à faire un signalement.

C'est ainsi qu'est organisée une équipe éducative notamment avec la présence de l'assistante sociale de la MDSI. Pendant cette réunion, la directrice de l'école relaie les positions de l'ITEP, en disant que la mère d'Anokin a fait une grave erreur de jugement en sortant son fils de son ancien établissement. De plus et sans attendre, on exhorte la mère à prendre contact avec un ITEP d'Artigues-Près-Bordeaux et de constituer un dossier de demande à la MDPH. On propose aussi de mettre en place, le temps de la réorientation, un PPS (Projet Personnalisé de Scolarisation).

NB : Un PPS doit être co-signé par les parents, l'école et un centre de soin (ici, Anokin voit actuellement le psy du CMPEA de Cenon) puis le document doit être envoyé et validé par la MDPH. Or ni le CMPEA n'a signé et le PPS ne sera jamais envoyé et validé par la MDPH.

Il est expliqué que ce PPS est nécessaire pour le bien-être d'Anokin : (à part le lundi) il ne doit plus fréquenter la cantine afin de créer un temps de repos dans la journée et c'est sa mère qui doit le garder entre 11h30 et 13h30 (génial lorsqu'on travaille) ; de plus, l'enfant ne doit plus aller aux sorties scolaires. Comme l'assistante sociale de la MDSI dit que si la mère n'est pas d'accord avec l'organisation du PPS elle passera en force, la mère signe le document. Pour pallier à l'incompatibilité de ce planning avec celui d'une personne qui travaille à temps plein, la fonctionnaire territoriale propose à la mère de réclamer le RSA socle : elle appuiera le dossier avec une dispense d'activité professionnelle en invoquant la rupture d'anévrisme de 2009 comme problème de santé récurrent. (Rassurez-vous, la mère a refusé cette entorse à la réglementation qui est une fraude à la prestation sociale ... elle a du boulot car elle a créé son activité depuis mars 2011 et, accessoirement, elle a un remboursement de micro-crédit à l'ADIE sans compter des charges à honorer).
Cela étant, la mère est perplexe devant tant de précipitations et surtout par les arguments de l'école pour la réorientation : Pourquoi invoquent-ils le fait d'avoir qualifié de «lapin» ou de «gros» comme des symptômes de maladie comme la dite-dysharmonie d'évolution? Pourquoi tente-on également de dire que le fait d'avoir appelé une fillette «maman» car elle ressemble physiquement à sa mère au même âge de la fillette, signifie qu'Anokin est

incapable reconnaître les noms et visages des personnes ?

Face à des arguments un peu courts, la mère d'Anokin relance la demande du dossier médical de l'ITEP ; D'ailleurs, c'est l'assistante sociale de la MDSI qui se propose de prendre un rendez-vous avec l'établissement, afin d'accompagner la mère pour récupérer le dossier et comprendre mieux la situation. En effet, la mère a décidé ceci : « Pas de dossier médical, pas de décision médicale de prise sans connaissance de cause ».

Du côté du CMPEA, Anokin verra l'orthophoniste (1 fois par semaine) pendant un temps indéterminé pour continuer à travailler ses lacunes. Il verra également le pédopsychiatre en compagnie de sa mère (1 fois par mois).

OCTOBRE 2011

Un mardi à 11h30, la mère d'Anokin discute avec une autre maman en attendant son fils. C'est alors qu'une petite fille de CM2 vient à sa rencontre pour lui dire : « C'est vous la maman d'Anokin ? C'est vrai qu'Anokin est malade, qu'il a la mentalité d'un enfant de 4 ans car il est attardé mental ? ». Interloquée, la mère lui demande : « Mais qu'est-ce qui te fait dire ça ? ». La petite fille répond : « C'est Mme F. (la psychologue scolaire) qui nous l'a dit, elle a fait une réunion dans le préau avec les autres élèves de CM2 et d'autres classes pour nous le dire ». Depuis cette fameuse réunion, Anokin en subit les « bienfaits » : coups, insultes, moqueries, etc.

Un peu plus tard, la mère d'Anokin se voit refuser le rendez-vous accompagné de l'assistante sociale à l'ITEP Bellefonds : C'est pourquoi elle se rabat vers la MDPH, car cette institution doit bien avoir des informations probantes, vu qu'ils sont décisionnaires de l'ancienne prise en charge médicale de son fils. A ce titre, ils doivent avoir de pièces concrètes (certificats et autres documents médicaux, etc.).

Ainsi, l'assistante sociale affirme qu'elle pourra prendre un rendez-vous avec une homologue de la MDPH pour obtenir les documents demandés.

NOVEMBRE 2011

La psychologue scolaire décide de soumettre à un test de QI (Quotient Intellectuel) à Anokin. Elle trouvera en guise de résultat 66 de QI total, bref un taux très faible car le seuil critique se situe à 80 et en-dessous. Cela est d'autant plus étonnant que l'institutrice d'Anokin est formelle : l'enfant suit très bien en classe.

DÉCEMBRE 2011

Anokin amène une demande d'autorisation de sortie pour une séance de cinéma avec sa classe. Dans un premier temps, la mère d'Anokin ne signe pas car son fils est « dispensé » de sortie, comme stipulé dans le PPS. Le lendemain, comme l'institutrice, Mme Co., exhorte à signer l'autorisation, la mère d'Anokin accepte la présence d'Anokin à la sortie, au grand bonheur de ce dernier. Le soir du jour de la séance cinéma, elle pense qu'Anokin va lui raconter le film qui a été projeté mais l'enfant dit juste que c'était bien mais sans plus. Quelques jours plus tard, Anokin se met à pleurer et avoue qu'il n'est pas allé voir le film ; en effet, au moment du départ avec sa classe, sa maîtresse a indiqué à l'enfant de prendre quelques affaires et de se rendre dans une autre classe pendant que toute la classe part en sortie. Effectivement, l'enseignante dira plus tard qu'elle n'acceptait la participation d'Anokin que si sa mère était là pendant la sortie. Or la mauvaise mère travaille donc elle n'était pas disponible.

Plus tard, Anokin réclame à rester avec ses amis pour la cantine, mais ce n'est pas possible (PPS oblige).

Néanmoins, sa mère réussit à imposer la présence de son fils au repas de Noël avec ses camarades. Comment ? Tout simplement en mettant l'école devant le fait accompli et en prévenant l'école que le jour même. Anokin a pu alors bien profité de ses amis pendant ce repas convivial, dans l'esprit enjoué de Noël.

En fin de mois, un cadeau de Noël impromptu est offert par l'assistante sociale de la MDSI : elle laisse tomber ses démarches pour entrer en contact avec la MDPH. Son propos pour justifier ce choix : « Il y a un conflit d'intérêt donc je ne peux pas vous aider dans vos démarches pour récupérer le dossier médical de votre fils.» dit-elle.

JANVIER 2012

Une équipe éducative est programmée en milieu de mois : cette réunion vise à demander à la mère d'Anokin d'inscrire son fils dans une CLIS (Classe d'Intégration Scolaire). Seulement, la situation devient ubuesque : d'un côté, la psychologue scolaire dit que la grande déficience intellectuelle qu'elle pense avoir trouvée, lors de son test QI, est un argument pour préconiser cette classe pour enfant avec handicap mental impactant les apprentissages et les capacités intellectuelles. D'autre côté, l'équipe éducative dit qu'Anokin travaille très bien, au plus grand étonnement de l'équipe : il est même 1er de sa classe actuellement.

Autre chose, la mère d'Anokin revient sur le coup de théâtre concernant la sortie-cinéma du mois de décembre. Elle demande alors à l'institutrice pourquoi Anokin n'a pas osé dire à sa mère qu'il n'était pas parti au cinéma. « Parce que la maladie de votre fils fait qu'il s'imagine avoir réellement vécu des situations qu'il n'a pas vécu » rétorque-t-elle.

En fin de mois, la mère d'Anokin donne des nouvelles depuis la création de son activité, au service emploi de sa mairie qui l'a portée pendant sa formation et la création d'entreprise. Elle relate les difficultés de travailler à temps plein tout en respectant à la lettre les contraintes du PPS ; de plus, elle envisage de mettre son fils davantage à la cantine car Anokin réclame de plus en plus à rester avec ses amis de sa classe (NB : Le lundi, Anokin est toujours resté à l'école pendant l'interclasse et il en est content, notamment pour les parties de foot avec ses copains).

C'est ainsi que la mairie appelle l'école mais la directrice, mécontente, fixe un rendez-vous à la mère d'Anokin. C'est finalement la psychologue scolaire qui reçoit la mère. Elle lui explique qu' « Anokin ne doit pas fréquenter la cantine car il est malade. Il a une dysharmonie d'évolution ». La mère lui répond que : « D'une chose l'une, mon fils n'est pas confirmé dans la dite-maladie que vous revendiquez car l'émetteur de ce diagnostic n'a jamais communiqué normalement à ce sujet. De plus, j'attends encore le dossier médical. Deuxièmement, Anokin réclame de plus en plus à rester manger et jouer avec ses amis. Enfin, je travaille cela devient très compliqué car votre PPS ressemble plus à des contraintes inutiles qu'à un dispositif bénéfique. » ; Et c'est par un « Vous savez, madame, beaucoup de mères ne travaillent pas pour s'occuper de leurs enfants » que la psychologue scolaire ponctue l'entretien.

FÉVRIER 2012

Afin de réfléchir correctement à la proposition de l'école d'envoyer Anokin en CLIS, la mère continue les démarches concernant le dossier médical. Elle envoie une demande par mail à la MDPH pour recueillir les informations relatives à l'ancienne prise en charge de son fils ; pour être plus convaincante, elle invoque les textes législatifs de 2002 qui régissent les droits du patient et le Code de la Santé Publique. Parallèlement, elle fait des recherches allant jusqu'à des investigations nocturnes pour savoir ce qu'est une CLIS et ce que cela implique ... sauf que les informations obtenues sont très incohérentes par rapport aux propos et justifications de l'équipe éducative : Pour exemple, celle du critère qui dit que l'enfant doit avoir un handicap qui l'empêche de suivre un apprentissage et que l'enfant doit ne pas avoir réussi l'acquisition du calcul, de la lecture et de l'écriture à l'issue du CE1. Or Anokin lit, écrit et calcule correctement, au vue des fiches d'évaluation de l'institutrice.

De plus, la mère d'Anokin rencontre la juriste du CIDFF pour lui informer de ces difficultés concernant le dossier médical mais aussi de l'urgence à le récupérer car on lui demande de se décider rapidement pour l'orientation scolaire. En effet, l'assistante sociale de la MDSI a mis la pression pour rencontrer une école de Floirac qui a un CLIS, lors d'un rendez-vous fixé en début de mois pour ce sujet.

Autre information recueillie lors de la rencontre avec la juriste : Anokin participe à une sortie scolaire. En se rendant à la permanence de CIDFF, la mère d'Anokin aperçoit un groupe d'enfant et y voit son fils. Elle ralentit, donne un petit coup de klaxon. C'est bien Anokin avec ses camarades de classe. Son fils reconnait la voiture et lève la main pour faire coucou. (Et le PPS alors ?!)

Le 25 février, un courrier épais arrive dans la boîte aux lettres du domicile d'Anokin. C'est la MDPH qui a envoyé quelques documents concernant la prise en charge dans l'ITEP Bellefonds. Parmi les documents reçus, 3 certificats médicaux sont inclus à l'envoi postal.

Un certificat du 14/03/2008 attestant l'autonomie du petit garçon pour :

- Se lever/se coucher
- S'habiller et se déshabiller

Seulement on y constate également des erreurs par :

- Difficulté pour faire sa toilette

Or, l'enfant âgé de 4 ans se brossait les dents seul et était en voie d'apprentissage pour se laver dans son bain (où la mère devait être présente naturellement car trop petit) ;

- Difficulté pour utiliser les transports en commun non spécialisés

Sauf que l'enfant prenait le car de ramassage classique de l'ITEP, dès septembre 2007.

Outre ceci, le médecin certifie bien que l'enfant boit, mange et se déplace à l'intérieur (marche) normalement seul alors qu'en 2010, il certifiera le contraire !

Le fameux certificat de 26/01/2010 avec des erreurs constatées :

- Les difficultés de se déplacer à l'intérieur (alors qu'en 2008, il est dit qu'il est autonome) et à l'extérieur
- La prise en compte du besoin d'accompagnement pour les déplacements extérieurs (enfant de 6 ans), inappréciable compte tenu de son âge.

Erreurs que l'on peut ajouter aux fausses déclarations déjà constatées affirmant une incapacité à :

- Faire sa toilette
- S'habiller et se déshabiller

- Manger et boire des aliments préparés (d'ailleurs notifié sur le certificat médical 2008)
- Couper ses aliments
- Assurer l'hygiène de l'élimination urinaire et fécal (propre le jour en 2007, propre la nuit en décembre 2008) - NB : propre = sans port de couches

Un certificat de 26/11/2010, là encore, avec ces erreurs constatées :

- Difficulté pour partager une vie en groupe et en collectivité

L'enfant ayant démarré la fréquentation du centre de loisirs de Floirac en juin 2011, il n'y a pas été décelé de problèmes particuliers quant à sa relation aux autres et dans les activités proposées.

- Graves problèmes de la relation mère-enfant avec impossibilité de séparation pour l'enfant

Ce problème n'a jamais eu lieu avant, pendant et même après le séjour de mon fils dans cet établissement. Il n'a jamais été évoqué par qui que ce soit, ni à la crèche, ni dans l'ITEP, ni par la nounou, ni par les grands-parents qui l'ont souvent gardé.
Ce qui est intriguant est que l'enfant peut, par miracle, refaire sa toilette, s'habiller, remanger, etc. en toute autonomie, bref les certificats médicaux se contredisent les uns les autres.

A côté de ces certificats médicaux truffés de déclarations fausses, le courrier de la MDPH comporte 2 fiches d'évaluation sociale remplies par l'assistante sociale de l'ITEP (jamais rencontrée par la mère d'Anokin). Une date de décembre 2008, l'autre de mars 2011. Celle-ci affirme que :

- La mère d'Anokin a des difficultés à se rendre aux rendez-vous proposés

Sauf que c'est la mère qui a souvent harcelé l'ITEP pour obtenir des rendez-vous et malgré des demandes répétées, on ne lui a jamais accordé l'opportunité de voir les intervenants de l'établissement. Rappelons que seul le médecin est l'interlocuteur des parents, interdiction de voir d'autres personnes. De plus, ce médecin est présent dans l'établissement que 8 heures par semaine, dixit un employé de l'ITEP.

- La mère d'Anokin n'a quasiment aucun soutien familial ni amical.

Sauf que dès 2007, les grands-parents venaient, parfois, chercher Anokin directement dans l'ITEP. A noter qu'Anokin voit régulièrement son grand-père et une de ses taties paternelles ainsi que ses cousines. No comment pour les amis, Anokin et sa mère ont, selon eux, fréquenté des amis ... imaginaires.

- Un accueil provisoire de jour le matin et le soir chez une assistante maternelle a été mis en place avec le soutien de la MDSI de Floirac afin de proposer à Mme un relais dans la prise en charge de son fils.

En gros, l'assistante maternelle (plus communément la nounou) est une sorte de composante de la prise en charge médicale selon l'assistante sociale. A noter le fait de passer par l'accueil provisoire était une astuce de travailleur social pour contourner le problème de pénurie de nounou, en

2008. Or ici, c'est devenu un argument pour dire « La mère est une incapable dont on a placé l'enfant ».

- La mère d'Anokin a parfois des difficultés à percevoir les difficultés de son fils, notamment face aux apprentissages scolaires. [...] Il reste en panne face à la demande scolaire.

Donc, l'institutrice rencontrée en 2011 serait une mythomane et aurait rempli hasardeusement ses fiches d'évaluation prouvant le contraire. Bizarre aussi quand on sait que pour son CP (et les années suivantes), Anokin fait partie de têtes de classe et fait volontiers ses devoirs en rentrant ; aurait-on emmené Anokin à Lourdes pendant l'été 2011? Y aurait-il eu un changement spectaculaire et miraculeux ?

Après toutes ces contradictions et ces déclarations erronées, la mère d'Anokin s'interroge davantage sur la valeur des arguments de l'équipe éducative ; en effet, cette brillante équipe ne jure que par les dires de l'ancien établissement. C'est cette même équipe qui met une grande pression pour réorienter Anokin vers un dispositif dont les critères d'entrée sont totalement incohérents avec la réalité et leurs propres constatations, depuis la rentrée en CP d'Anokin ; enfin, la mère d'Anokin est plus que jamais déterminée à récupérer le dossier médical de son fils auprès de l'ITEP.

Cela étant, la mère d'Anokin prendra tout de même rendez-vous avec la CLIS d'une autre école floiracaise : il faut bien être renseigné avant de prendre une décision importante, non ?

MARS 2012

Rencontre avec le directeur de l'école qui a une CLIS,

dans son enceinte. Le directeur est accompagné de l'instituteur de cette classe d'intégration scolaire. Après une présentation de leur fonctionnement, la mère expose ses questions et les incohérences entre les critères d'entrée et la situation de son fils. De plus, elle fait remarquer certains éléments de la situation ubuesque et médicale qu'on attribue à Anokin. Seulement, après ces quelques minutes de discussion, débarque la psychologue scolaire. Or la mère est en froid avec elle depuis le rendez-vous de fin janvier et demande à ce que la psychologue n'assiste pas à cet entretien ; comme le directeur, interloqué, ne comprend pas cette réticence, la mère relate les propos tenus par la psychologue ... et celle-ci déclare ne jamais avoir dit « Vous savez, madame, beaucoup de mères ne travaillent pas pour s'occuper de leurs enfants [...] » et poursuit avec un « J'ai, d'ailleurs, des enfants [...] Comment pourrais-je dire une chose pareille ? ». Finalement, la psychologue reste dans un coin mais n'intervient plus verbalement à la reprise de l'entretien puis prend congé. La mère repose ses questions. Perplexe, les interlocuteurs ne peuvent répondre mais se défendent de gagner de l'argent sur le nombre d'admission dans leur CLIS : pourquoi être sur une ligne défensive basée sur l'argent ?

Une semaine plus tard, la psychologue fixe un rendez-vous à la mère pour tenter de parler de « malentendus » sur les propos tenus en janvier ; puis, elle demande à la mère si elle a enfin décidé de mettre son fils en CLIS. La mère explique qu'il y a trop d'incohérences. Elle se demande également pourquoi l'équipe éducative a « *switché* » la solution de l'ITEP à la solution du CLIS, d'autant que ces solutions sont totalement contradictoires. C'est pourquoi la mère affirme qu'elle ne décidera pas de mettre son fils en CLIS ; de plus, devant la persistance des doutes flagrants sur l'exactitude du diagnostic médical, elle évoque qu'elle va persévérer davantage sur l'obtention du dossier médical complet d'Anokin. Bref, aucune décision importante ne sera prise tant qu'il n'y aura pas d'informations claires et nettes de la situation.

C'est alors que la mère s'adresse à la CADA (Commission d'Accès des Documents Administratifs). De plus, elle envoie une lettre à l'inspection académique de Bordeaux pour relater la situation.

AVRIL 2012

Une équipe éducative est organisée afin de connaître la décision de la mère concernant l'orientation vers un CLIS ; et conformément à ce que la mère a dit à la psychologue scolaire, elle réitère son propos en expliquant qu'elle ne décidera pas d'orienter son fils en CLIS tant que la situation restera floue et incohérente. De plus, elle informe qu'elle s'est adressée à la CADA et l'inspection académique pour obtenir un peu plus de clarté à ce qui commence à ressembler à une version ubuesque du « malade imaginaire ».

MAI 2012

Un rendez-vous est organisé entre l'inspecteur d'académie de la circonscription de Floirac, la directrice, la psychologue scolaire et la mère. En préambule de cet entretien, l'inspecteur reproche à la mère d'avoir envoyé la lettre à l'adresse du siège de l'inspection à Bordeaux au lieu de s'adresser directement à lui. Puis, il explique qu'il ne voit pas où est le problème quant à la situation. Dans le même temps, la psychologue scolaire brandit son test de QI pour dire qu'elle a raison et la directrice affirme qu'Anokin souffre à l'école, qu'il n'a jamais eu de copains et qu'il est seul en récréation et à midi. C'est alors que la mère parle donc des copains de son fils, cite leurs prénoms et les jeux qu'ils font, principalement le foot et demande pourquoi on relaie des faits erronés. Puis elle enchaîne sur les certificats médicaux aux déclarations fausses qui évoquent le diagnostic médical douteux.

En réponse, l'inspecteur explique qu'il ne voit vraiment pas où il y a un problème sur la situation médicale et l'orientation qui va avec, avant de conclure par un « Si vous ne suivez pas les instructions de l'équipe éducative, c'est que vous n'aimez pas votre fils ». Sur ces intelligentes déductions, il propose à la mère un délai de réflexion jusqu'au mois de juin.

JUIN 2012

La mère d'Anokin reçoit un courrier de l'école pour fixer un rendez-vous afin de connaître sa décision. C'est pourquoi elle envoie un courrier détaillant tous les points d'incohérence sur la situation de son fils par rapport aux apprentissages scolaires très convenables (comme dite sur les fiches d'évaluations faites tout au long de l'année) et par rapport à sa relation aux autres, notamment ses amis (malgré les coups, insultes, chantages et menaces répétés que subit Anokin depuis le mois d'octobre sans que personne n'ait tenté de régler ce souci).

NB : A part du bavardage et de petits bruits, l'institutrice de CP a toujours affirmé qu'Anokin avait un comportement d'élève en classe. Par contre, il a tendance à courir, hors-classe.

De plus, la mère explique noir sur blanc les doutes sur le diagnostic médical et évoque, un par un, les fausses déclarations sur certificats médicaux tendant à argumenter le fameux diagnostic de « dysharmonie d'évolution » alias un dérivé de l'autisme. Enfin, elle répète pour la énième fois qu'elle ne décidera pas d'orientation avec des arguments frauduleux. Elle ira également jusqu'à la justice pour obtenir des réponses et des informations claires sur la situation médicale réelle de son fils et sur ce qu'il s'est passé dans l'ITEP car ressemblant à de la fraude à l'assurance maladie.

5 jours après la réception de ce courrier, l'école répond par ... un signalement auprès du procureur de la République.

JUILLET 2012

Un rendez-vous a lieu dans le cadre du signalement de l'école. Il s'agit d'une évaluation effectuée par l'assistante sociale, Mme M., et la puéricultrice PMI, Mme C., de la MDSI de la Floirac. La mère d'Anokin leur soumet les certificats médicaux frauduleux qui posent, par conséquence, un doute élevé sur le diagnostic médical. Après une lecture attentive et silencieuse, une de ces mesdames dit « Si le médecin de l'ITEP a émis des fausses déclarations, c'est de votre faute ; c'est vous qui avez mis votre enfant dans cet établissement. ». Face à ces propos déconcertants, la mère évoque les autres points de désaccord avec l'école sur l'incohérence de la proposition d'orientation. Mais le temps passant, les agentes de la MDSI proposent un autre rendez-vous pour continuer leur évaluation.

Après cet entretien, la mère, choquée par le « C'est de votre faute », informe la Caisse Primaire d'Assurance Maladie de la Gironde de la situation médicale ubuesque d'Anokin : dans le courrier sont incluses les attestations de témoignage de l'entourage proche ou moins d'Anokin, les photocopies du carnet de santé et les fiches d'évaluations scolaires de l'année 2011/2012 de l'école A. Camus.

De plus, elle se rend à la MDPH pour obtenir la totalité des documents que détient l'institution, en particulier tout ce qui concerne l'entrée à l'ITEP car ils n'ont pas été envoyés à la mère, lors du courrier de février 2012. La mère parle aussi des problèmes que posent les déclarations

fausses sur les certificats. Mauvaise idée ! L'interlocutrice clôt la conversation, se lève et évacue manu-militari la mère vers la porte d'entrée de la MDPH, en lui conseillant d'aller à la MDSI la plus proche ... dans le cas où la mère se retrouverait endettée des quelques 120 000 euros pour rembourser la sécurité sociale pour indu ! Cherchez l'erreur, comme dirait l'autre.

En fin de mois, la mère d'Anokin contacte l'association Autisme France et pose des questions sur le diagnostic de « dysharmonie d'évolution » qu'on a accolé sur Anokin. La présidente de l'association fait part de son incompréhension et de son indignation sur le fait qu'il est anormal qu'Anokin ait été dans un ITEP avec ce diagnostic de troubles autistiques. En effet, la circulaire interministérielle entre le ministère de l'Éducation Nationale et le ministère de la Santé datant du 14 mai 2007 affirme aux ITEP :

« Les instituts thérapeutiques, éducatifs et pédagogiques accueillent les enfants, adolescents ou jeunes adultes qui présentent des difficultés psychologiques dont l'expression, notamment l'intensité des troubles du comportement, perturbe gravement la socialisation et l'accès aux apprentissages. Ces enfants, adolescents et jeunes adultes se trouvent, malgré des potentialités intellectuelles préservées, engagés dans un processus handicapant qui nécessite le recours à des actions conjuguées et à un accompagnement personnalisé tels que définis au II de l'article D. 312-59-2. [...] Il convient de remarquer que d'une façon générale, les ITEP ne sont pas adaptés à l'accueil d'enfants et adolescents autistes ou présentant des troubles psychotiques prédominants, ou des déficiences intellectuelles importantes, qui requièrent d'autres modes d'éducation et de soins, et qui pourraient souffrir de la confrontation avec des jeunes accueillis en ITEP. »

De plus, l'association conseille vivement de se rapprocher du CRA (Centre de Ressources Autisme) afin d'éclairer Anokin et sa mère sur le dit-diagnostic : Un conseil ô combien précieux et décisif que la mère va suivre. Le lendemain, elle téléphone au CRA de Bordeaux. Seul hic, presque 1 année d'attente pour avoir le 1er rendez-vous.

Raison de plus pour obtenir l'aide du CRA, la CADA a statué en fin de mois pour expliquer qu'ils ne sont compétents pour récupérer des documents issus d'une structure privée. Toutefois, il est rappelé que le Code de la Santé Publique n'a pas été respecté par l'ITEP et que seul le tribunal peut être saisi pour obtenir le dossier médical.

AOÛT 2012

Un courrier estampillé CPAM de la Gironde arrive dans la boîte aux lettres. Il s'agit du médecin-chef informant qu'une enquête va être diligentée.

Le lendemain a lieu le 2ème rendez-vous d'évaluation avec l'assistante sociale et la puéricultrice de la MDSI de Floirac. Elle débute par un « Nous avons pris notre décision. Comme nous sommes totalement d'accord avec l'école et comme il est difficile de travailler avec vous, nous allons, en plus de la demande d'orientation, faire une demande de placement en famille d'accueil. » (Vous avez bien lu : ceci n'est pas une faute de frappe) : bienvenue dans le pays merveilleux des droits de l'Homme où on extirpe couramment les enfants autistes et assimilés de leurs familles, car les services sociaux sont persuadés que l'autisme est de la faute des parents.

Malgré les protestations et les documents supplémentaires apportés (Les textes et les réglementations régissant les ITEP et les CLIS qui contredisent leur positionnement), rien à faire : ces mesdames bottent en touche. La mère tente de les avertir que des gros dysfonctionnements se sont produits sur de nombreux points (dont les certificats médicaux) et qu'elles ne peuvent nier leurs connaissances des faits : rien à faire, politique de l'autruche oblige. Soit, la mère d'Anokin quitte l'entretien en avertissant sur le risque qu'elles sont théoriquement complices de cette mouise. « C'est plutôt à vous que la mouise va arriver ! » répond la puéricultrice à la mère, devant Anokin choqué.

Quelques jours plutard, la mère prend rendez-vous auprès d'une avocate. Celle-ci demandera à pouvoir consulter le dossier envoyé au tribunal par le Conseil Général de Gironde et lira le rapport de l'assistante sociale. Cette dernière a écrit, entre autre, qu'Anokin souffrait tellement de l'école qu'il en était suicidaire.

En fin de mois, la mère se rend au CMPEA. Devant la tournure des événements, la mère demande au pédopsychiatre de l'éclairer notamment sur la tendance suicidaire que supposent les écrits de l'assistante sociale. Le médecin se défend d'avoir constaté des comportements, attitudes et propos suicidaire de la part d'Anokin ; il ne semble pas comprendre. De plus, la mère informe qu'elle s'est rapprochée du CRA de Bordeaux comme l'a conseillé l'association Autisme France. Puis, elle insiste pour avoir le nom réel du diagnostic de « dysharmonie d'évolution » selon la classification - CIM 10 - des maladies de l'OMS (Organisation Mondiale de la Santé). Il lui donne TED NS (Trouble Envahissant du Développement Non Spécifié) soit une forme d'autisme. Pour finir, la mère d'Anokin informe qu'elle va faire suivre son fils par des professionnels médicaux au libéral : d'ailleurs, elle a déjà un rendez-vous avec une nouvelle orthophoniste. Ce sera la même chose pour la partie « psychologique » d'autant qu'Anokin, encore choqué par la demande de placement en famille d'accueil est très apeuré de ne plus pouvoir aller à l'école, dort mal et fait des cauchemars.

SEPTEMBRE 2012

En marge de la rentrée des classes où Anokin passe en CE1, il y a le dossier pour le centre de loisirs à monter pour la nouvelle année. Ainsi, Anokin et sa mère rencontrent le médecin traitant afin d'établir le certificat médical demandé par la mairie. En aparté, le médecin informe la mère qu'elle a reçu un coup de fil de la CPAM de la Gironde qui l'a questionnée sur le développement psychomoteur d'Anokin. Le médecin a expliqué au médecin chef de la CPAM que, physiquement, elle pouvait seulement attester du bon développement de l'enfant mais rien pour le reste, car elle n'a jamais été en contact avec l'ITEP, ni le CMPEA, ni la MDPH. Il en profite pour mettre en garde la mère sur d'éventuelles demandes de remboursement de la part de la Sécurité Sociale. La mère d'Anokin est sereine sur ce point car la CPAM ne lui a jamais versé un centime. En effet, le financement a été versé, à 100%, directement à l'ITEP Bellefonds.

La mère d'Anokin a reçu une convocation du Tribunal de Grande Instance de Bordeaux pour le mois d'octobre ; entretemps, elle peut consulter le dossier constitué par le Conseil Général. Ainsi, elle peut lire le rapport d'évaluation de l'assistante sociale ... sauf qu'il est truffé des déclarations fausses sur la situation d'Anokin mais surtout sur la vie personnelle de la mère. La fin justifiant les moyens, il faut bien tenter de persuader la Justice que la mère est un cas social et qu'elle n'est pas en mesure de prendre des décisions importantes et nécessaires pour son fils.

De son côté, Anokin a bien commencé sa rentrée mais déplore ne plus avoir un des copains parti à l'école privée du coin ; il ne le voit désormais qu'au centre de loisirs le mercredi. En effet, la mère de ce copain a été pressée par l'équipe éducative de l'école A. Camus de mettre son fils ... en CLIS.

OCTOBRE 2012

L'audience au Juge des Enfants a lieu. Est présente également une inspectrice de l'ASE (Aide Sociale de l'Enfance) qui représente le Conseil Général de la Gironde et qui tente de relayer les arguments de l'assistante sociale de la MDSI.

Sauf que le juge ne suit pas l'avis de l'institution départementale car il y a trop d'incohérences dans le rapport d'évaluation de l'assistante sociale. De plus, la magistrate prend connaissance du compte-rendu écrit par le pédopsychiatre du CMPEA qui affirme qu'Anokin n'est pas du tout suicidaire. Elle ordonne alors une autre enquête qui sera effectuée par une structure autre que le Conseil Général.

Plus tard, une équipe éducative est organisée. Après avoir pris connaissance qu'Anokin suit dans ses apprentissages (lecture fluide, grande facilité pour les calculs sauf pour les résolutions des problèmes de maths et le respect de consignes nouvelles, enfant faisant preuve d'une grande curiosité, ...) la mère d'Anokin repose à nouveau les mêmes questions que l'année précédente, notamment sur le fait qu'il y a un réel souci avec le diagnostic médical. Elle informe, d'ailleurs, qu'elle a tout dit à la CPAM. Ce dont la psychologue scolaire répond : « Et vous, vous n'avez pas touché quelque chose ? La MDPH doit vous verser quelque chose, non ? ».
Ces questions, seraient-elles une manière de dire « Taisez-vous. Si vous parlez trop, ça va vous retomber

dessus et on vous assimilera à une fraudeuse à la sécu » ?

Et en parlant de la MDPH revenue aux bons souvenirs de la mère, celle-ci relance, pour la 5ème fois depuis juillet, cette structure dépendant du Conseil Général, en se rendant sur place pour déposer une énième lettre de demande d'entretien avec un responsable.

DÉCEMBRE 2012

Sans nouvelles de la MDPH, la mère d'Anokin décide d'écrire directement au président du Conseil Général de la Gironde afin de lui informer des problèmes rencontrés auprès de la Maison Départementale des Personnes Handicapées mais aussi des mésaventures vécues « grâce » à la Maison Départementale de l'Insertion et de la Solidarité.

JANVIER 2013

La directrice de cabinet du président du Conseil Général envoie une réponse en expliquant qu'on ne peut aboutir à la demande d'éclaircissement auprès de la MDPH. En effet, la structure dédiée aux personnes handicapées a dit qu'elle n'était pas concernée par la prise en charge d'Anokin dans l'ITEP et qu'elle ne pouvait donner son avis sur des faits antérieurs que la mère relate ... car la MDPH a dit à la directrice de cabinet qu'Anokin n'a relevé de la structure que de juillet 2009 à juillet 2011 !

Sans doute une erreur de la MDPH dans la transmission d'informations, on n'est plus à une erreur près vu le nombre incalculable d'informations erronées autour de cette fameuse prise en charge médicale. C'est pourquoi la mère d'Anokin réécrit au Département pour transmettre les photocopies des relevés de remboursement de la CPAM car même pour un acte médical est pris en charge à 100% et payé directement à un établissement médical comme l'ITEP Bellefonds, il apparaît dans le relevé destiné à l'assuré. La mère joint aussi toutes les correspondances épistolaires avec la MDPH, depuis mars 2007.

Suite à ce courrier erratum accompagné de toutes les pièces justifiant la « prise en charge » de la MDPH entre 2007 et 2011, la mère d'Anokin n'a plus eu de réponses du cabinet. Néanmoins, elle a reçu une lettre de la MDSI où l'assistante sociale, Mme M. ne doit plus rencontrer la mère d'Anokin (NB : en cas de besoin, il faudra s'adresser à l'assistante sociale de permanence). De plus, un courrier provenant de la MDPH arrive au domicile d'Anokin, avec des documents issus de la demande initiale faite en 2007. Ainsi, on y apprend que le CMPEA de Cenon a fait son bilan bien après que la mère d'Anokin ait signé la demande avec l'assistante sociale de l'époque. De plus, on y explique que l'enfant a des «Troubles de la Conduite» en diagnostic médical. Il y est annoté qu'il a une agitation motrice et qu'Anokin évite parfois le regard de son interlocuteur. En trouble associé, il y est dit qu'Anokin n'a pas vu son père depuis l'âge de 6 mois.

MARS 2013

Anokin rencontre un psychologue du service d'investigation judiciaire saisi par la juge en octobre ; ce dernier dit à la mère qu'il pensait qu'Anokin n'a pas de TED NS. Cela n'étonne pas la mère car l'orthophoniste libéral lui avait également fait part de ses doutes sur ce diagnostic médical mais également sur les résultats du test de QI effectué par la psychologue scolaire. Cela étant, un peu patience sera utile : les consultations du CRA auront lieu, d'ici moins de 6 mois.

AVRIL 2013

En début de mois, Anokin rentre, stressé, de l'école et dit à sa mère que la psychologue scolaire compte le voir le lendemain pour faire un test. Or, aucun mot n'est mis sur le cahier de liaison pour l'en informer. Le lendemain, la mère se rapproche de la nouvelle directrice, Mme Sau., pour lui demander des explications et rappelle qu'il faudra une demande d'autorisation pour faire ce test. De plus, même avec cette démarche administrative, elle refuse de faire effectuer un test, quel qu'il soit, via la psychologue de l'école, vu le fiasco du test de QI de novembre 2011. Finalement, la psychologue verra Anokin pour lui dire qu'elle renonce au test car elle n'a pas l'autorisation de sa mère.

Ravie du respect de cette non-autorisation, la mère d'Anokin a également envie de remercier la psychologue scolaire pour sa réunion improvisée avec les élèves de l'école en octobre 2011. En effet, après avoir relayé aux enfants que « Anokin est à prendre avec des pincettes car il vient d'un établissement spécialisé et qu'il a une maladie qui lui provoque un retard mental », Anokin a collectionné les coups, les insultes et autres brimades. Un des points d'orgue à ces péripéties, il est agressé par plusieurs élèves qui l'ont frappé et lui ont troué une de ses baskets avec un objet coupant (un cutter ou un couteau à cran car Anokin a dit que le manche était en bois). 2 jours plutard, il est poussé à terre par un de ces élèves et a une « belle » plaie sur le front. Malgré une main courante, la directrice de l'école nie la 1ère agression et minimise la 2ème en disant qu'Anokin l'a bien cherchée.

MAI 2013

Une audience au tribunal a lieu suite aux conclusions du

service d'investigation. La juge estime qu'Anokin peut rester à l'école ; il sera mis en place un AEMO (Assistance Éducative en Milieu Ouvert) mais qui sera effectué par un service extérieur au Conseil Général, c'est à dire par la même structure qui a fait la nouvelle enquête. Ainsi, un éducateur verra Anokin sur les prochains 18 mois, pour s'assurer de la bonne marche des démarches de la mère qui n'a toujours pas rencontré l'hôpital pour la confirmation ou l'infirmation du diagnostic médical.

JUILLET 2013

Ce sont les grandes vacances pour Anokin qui passe en CE2 à la rentrée prochaine. Toutefois, l'été démarre sur le chapeau de roue. Sont prévus :

- Le bilan de l'orthophoniste qui révèle d'importants progrès d'Anokin par rapport au bilan initial avec une poursuite du suivi avec 1 séance hebdo au lieu de 2.

- Un premier rendez-vous au CRA est fixé avec Anokin et sa mère qui amène toutes les pièces relatives à la scolarité de son fils (fiches d'évaluations du CP et CE1) et les bilans d'orthophonie d'Anokin.

NB : La mère d'Anokin n'a toujours pas oublié le dossier médical complet qu'elle réclame auprès de l'ITEP Bellefonds. C'est pourquoi son avocate envoie une lettre de mise en demeure, en vain ; il est envoyé en retour 4 feuilles typographiées d'observations psychanalytiques. Ce pseudo-dossier ne mentionne pas de diagnostic médical.
Parallèlement, Anokin consulte son nouveau pédopsychiatre libéral qu'il voit depuis 3 mois et va au centre de loisirs.

SEPTEMBRE 2013

Un 2ème rendez-vous au CRA a lieu. Il dure 2 heures et demi (Anokin est à l'école) : il s'agit de refaire tout le parcours de vie d'Anokin, ne commençant par sa vie intra-utérine. Très détaillé, un long questionnaire est effectué par un médecin du CRA, afin d'approfondir le 1er rendez-vous du mois de juillet.

NOVEMBRE 2013

Un 3ème rendez-vous au CRA a lieu. Cette fois-ci, Anokin est présent avec sa mère. Le médecin leur annonce qu'Anokin ne souffre pas de TED ou autre forme d'autisme. Cela étant, comme le test de QI effectué par la psychologue scolaire ne semble pas exploitable, il est proposé un nouveau test à faire auprès du neuropsychologue de leur service.

DÉCEMBRE 2013

Ayant fait des progrès significatifs, l'orthophoniste d'Anokin met fin aux consultations ; Anokin, très coopérant, a acquis une richesse de vocabulaire convenable pour son âge. Toutefois, il devra continuer à s'enrichir en favorisant la lecture à la maison. Sa mère devra également continuer à l'enrichir en décrivant et expliquant davantage les mots lors des conversations avec son fils.

Plus tard, une équipe éducative est organisée ; à cette occasion, la mère d'Anokin annonce les conclusions du CRA de Bordeaux. Pour le reste, il est évoqué qu'Anokin suit convenablement le programme. Il lit de manière fluide, fait preuve de curiosité notamment en sciences, en histoire, en géographie et il est à l'aise avec les maths (sauf pour la résolution des problèmes). Il n'aime pas trop la grammaire et le respect des nouvelles consignes semblent parfois lui donner du fil à retordre ;

JANVIER 2014

Anokin, complexé d'avoir 10 ans et de n'être qu'en CE2, décide de se rendre dans une classe de CM1 et ne veut pas en sortir. La mère d'Anokin en discute avec l'école et en rediscute avec Anokin car son complexe sur son décalage entre son âge et sa classe actuelle ne date pas d'hier. Anokin s'est toujours senti obligé d'expliquer qu'il n'a jamais redoublé et qu'il est entré tardivement à l'école, du fait de son ancien établissement. Et visiblement, rien y fait : Anokin reçoit des réflexions récurrentes de la part d'élèves et de quelques enfants de son centre de loisirs.

MARS 2014

L'institutrice (et nouvelle directrice de l'école), Mme Ma. trouve qu'Anokin bavarde trop en classe. De plus, il recherche souvent l'attention de ses pairs en faisant des blagues. C'est pourquoi l'enseignante prend l'initiative de dire aux camarades de classe de ne pas prêter attention à Anokin ... car « il est malade » affirme-t-elle.

De plus, elle décide de ne plus faire participer Anokin aux sorties scolaires alors que tout s'était bien passé lors des sorties précédentes. En effet, elle pense qu'Anokin peut reproduire l'incident du mois de janvier.

Une mesure de précaution pour elle ... Une mesure bénéfique pour Anokin : il se retrouve dans une autre classe où les élèves le regardent de travers, l'insultent et lui jettent des boulettes de papier.

AVRIL 2014

La mère d'Anokin rencontre les 2 institutrices de la classe d'Anokin. Celles-ci évoquent les problèmes de bavardages persistants, malgré une accalmie car la directrice affirme avoir briefé les camarades pour ne pas bavarder également. La mère en profite pour parler des raisons de mise à l'écart pour les sorties scolaires et se demande si c'est à cause de l'incident de janvier et s'il a eu d'autres faits similaires. La directrice lui confirme que cela ne s'est pas reproduit mais qu'elle préfère maintenir sa mesure de précaution.

MAI 2014

Comme convenu de longue date, le centre de consultations spécialisées du CHU de Bordeaux (que le CRA a contacté) reçoit Anokin pour lui faire un test de QI. Il faudra attendre pour avoir les conclusions de la neuropsychologue qui se dit satisfaite de la bonne coopération d'Anokin ;

JUIN 2014

La fin de l'année se profile. Anokin passe en CM1 mais il supporte de moins en moins les brimades et depuis quelques temps les vols dont il fait l'objet. Heureusement, il a son psy à qui il peut se confier mais la répétition des coups et insultes, notamment la classe, semblent de plus en plus peser. D'autant que l'enfant se lasse de l'inertie des encadrants qui semblent avoir la punition légère quand ce n'est pas l'absence totale de réaction par des « C'est pas si grave que ça ». Ce sont par contre des « Ah ! bon mais il ne s'est rien passé, je ne suis pas au courant » que l'on rétorque à la mère qui se préoccupe de plus en plus à ce qu'il ressemble à du harcèlement scolaire.

JUILLET 2014

La mère d'Anokin est reçue par le médecin du centre de

consultations spécialisées. Le QI total n'a pu être évalué mais Anokin a une intelligence normalement attendue pour son âge. (Ex : 99 pour la compréhension Verbale pour un moyenne attendu de 100)

Effectivement, il a tendance à se précipiter, sans prendre le temps de réfléchir avant de répondre (impulsivité) ; De plus, son attention et sa concentration diminuent significativement au fur et à mesure de longueur d'une épreuve. Bref, Anokin présente un Trouble du Déficit de l'Attention (TDA) ; Cela nécessitera une rééducation attentionnelle et quelques aménagements pédagogiques comme « Être au 1er rang de la classe pour diminuer les sources de distractions », « Reprendre avec l'enfant certains consignes quand il est perceptible qu'il n'a pas compris » ou « ne pas le priver de temps où il peut se lever en effaçant le tableau par exemple » afin de rendre une concentration plus optimale.

C'est ainsi que la mère d'Anokin parvient à avoir un certain nombre d'éléments cohérents à son fils sur son comportement. C'est l'occasion d'avoir, enfin, de vraies solutions pour aider son élève de fils à … s'élever. Par ailleurs, cela la motive davantage à connaître et comprendre les causes de ces péripéties médicales ubuesques provoquées par l'ITEP Bellefonds, la MDSI de Floirac, la MDPH de la Gironde et de l'équipe éducative de l'école A. Camus particulièrement zélée à protéger les positionnements de leurs homologues du médico-social.
D'autant que ce beau monde a trouvé un nouvel allié pour jouer à la version 2.0 du « malade imaginaire ». En effet, le fameux service extérieur du Conseil Général de la Gironde, en la personne de l'éducateur AEMO, a décidé de s'accrocher au pactole de la rente.

DÉCEMBRE 2014

Malgré la demande de PAI (Plan d'Accueil Individuel) en faveur d'aménagements pédagogiques pour pallier le déficit d'attention, l'école refuse de le mettre en place. Mieux encore, l'équipe éducative a, à nouveau, tenté de passer en force pour réorienter Anokin en établissement spécialisé avec l'argument du « cet enfant a un comportement autistique, il régresse dans ses apprentissages, il faut qu'il voit un psychologue, sa mère refuse de le reconnaître et elle, aussi, doit être suivie par un psy. car elle ne fait rien pour son fils. » : préconisations relayées par le chef de service d'AEMO lors de l'audience au tribunal, à l'occasion de la fin du dispositif éducatif. Néanmoins, la juge n'a pas suivi ces propositions tout en acceptant la prolongation de la parodie d'assistance éducative. Ainsi, à défaut de couvrir les bisbilles de leurs collègues, le service d'AEMO sauve l'équilibre budgétaire de sa structure ... financée par le département girondin. L'éducateur pourra également poursuivre son intervention, pendant 24 mois : à savoir se rendre au domicile d'Anokin, à hauteur d'une fois par mois, pour jouer aux jeux de société du petit.

Conclusion : cette chronique a permis de comprendre l'idiotie dont une présumée cas soc' peut faire preuve. Occupée à remplir le frigo, honorer les factures et tout autre besoin primaire, la mère d'Anokin voulait résister à la tentation d'une source d'argent facile aux conséquences difficiles : celle de l'assistanat teinté de bonnes intentions qui enferme, souvent définitivement, dans la pauvreté financière, sociale, morale, intellectuelle et humaine. Pendant cette occupation ... de résistance, elle s'est empêchée de prendre du recul et du discernement concernant l'ancienne prise en charge de son enfant.

Heureusement, la mère s'est rebellée pour donner à son fils la chance de s'élever, quitte à voir son frigo moins bien fourni. Aristote aurait-il vécu une pareille situation pour en déduire ceci ?

« Il est aussi dans l'intérêt d'un tyran de garder son peuple pauvre, pour qu'il soit si occupé à ses tâches quotidiennes qu'il n'ait pas le temps pour la rébellion.»

DÉFINITIONS - ASSISTANAT A ÉDUCATION NATIONALE

Assistanat : c'est quand on se retrouve sous un regard empli de bienveillance mais sous l'égide de la condescendance. Dès lors qu'on fait tout pour sortir de ce regard, les uns y verront de l'arrogance voire de la défiance pendant que les autres y verront de la persévérance.

Assistante sociale : métier difficile à décliner au masculin car connaissant peu la parité, il se divise en 2 catégories ; il y a celles qui vous épaulent lors d'accident de la vie (maladie, décès, perte de boulot, etc.) sans vous infantiliser et vous culpabiliser. Et il y a les autres : cette catégorie fonctionne telle une machine sans âme. Peu importe votre parcours de vie et votre situation, elles disent mécaniquement les mêmes propos, imposent les mêmes propositions et préjugent des mêmes suppositions.

Autisme : 1. au sens propre, il s'agit d'un trouble envahissant du développement. En France, il est abordé et pris en charge de manière inédite, retardée et insensée au vue de ce qu'il se passe, partout dans le monde. Véritable exception française, le corps médical dominant tient à sa « *french touch* », notamment par les fans de l'approche psychanalytique (ndlr : les exploits de l'ITEP cité dans le dossier Argent). Argumenté sur « ben ! cela reste encore à définir, en fait », les pro-psychanalystes tentent d'expliquer qu'une mère, un père, le chat du voisin, etc. sont la cause des troubles des autistes et autres TED. Or on sait désormais que les causes sont neurobiologiques.

C'est ainsi qu'aboutissent des diagnostics erronés volontaires ou non ; mais, surtout, les autistes et TED avérés se retrouvent face à des prises en charges médicales inadéquates, inadaptées voire maltraitantes. C'est comme si on vous impose une chimio car vous avez chopé la grippe.

2. au sens figuré, ce que amène à définir les protagonistes du dossier « Argent » ou la 2ème catégorie d'assistante sociale (voir définition précédente) par leurs façons stéréotypées et répétitives de nier la réalité, de refuser de communiquer et d'écouter autrui.

Auto-démerde : chez beaucoup, c'est grâce à Google ; si on est en panne d'une bonne recette avec les restes, si on est en panne de voiture et qu'on cherche à éviter le garagiste, si on veut entretenir son orchidée. Mais ce qui problématique, c'est de se résoudre à y chercher une réponse à ses questions pour des problèmes sérieux, faute d'interlocuteurs sérieux. Par exemple, un élève ou un parent d'élève n'a souvent qu'un moteur de recherche, un forum, les réseaux sociaux pour tenter de régler un souci de harcèlement scolaire.

Autorité : bien malin celui qui fera valoir son autorité sans le respect d'autrui et vice-versa.

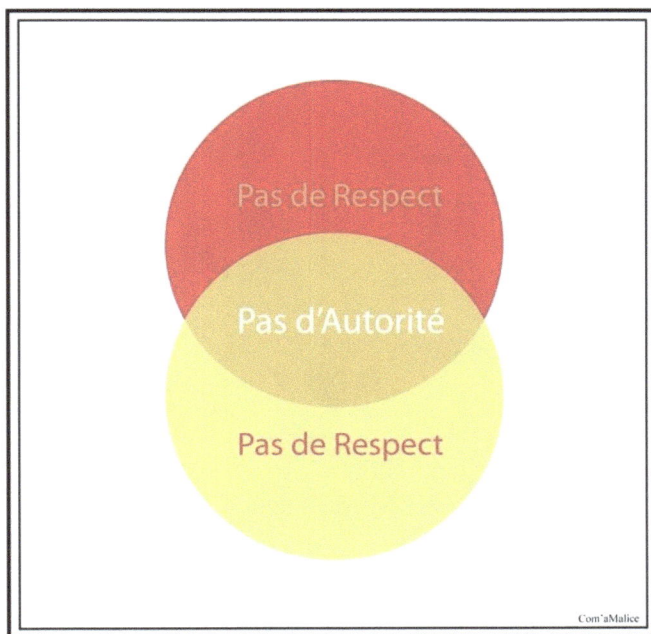

Avenir : facile à garantir si on va, vit et devient.

B

Banalité : générateur de conversation amenant des « Il fait beau aujourd'hui » « il ne fait pas chaud aujourd'hui », il peut devenir un vecteur de lien social plus efficace et efficient que certains événements officiels à vocation sociale.

Banlieue : actuellement habitante d'une banlieue, j'ai également grandi en banlieue. Pendant 10 secondes, imaginez le logement de mon enfance puis tournez la page :

Allez ! Avouez : pendant c'est 10 secondes, vous avez imaginé un bon vieil HLM, au beau milieu d'une cité bien pourrie.

Ne culpabilisez pas : je serais tombée dans le panneau.

Banque : la précarité peut permettre de connaître les banques sous des formes différentes : la banque classique et la banque alimentaire.

Budget : aboutit souvent à des « je vais réfléchir » pour l'achat d'un site web ou de bureautique pour une entreprise, pour l'achat d'un véhicule ou de son logement pour un particulier. Dommage qu'il en soit ainsi pour l'achat de viande pour de plus en plus de monde.

Bus : transport en commun où je suis souvent montée sans traîner des pieds à l'inverse des indignés de Khysna ; ces professionnels aussi offusqués qu'un père de famille endetté, apprenant qu'il va, suite à une délocalisation ou le dépôt de bilan de son employeur, pointer à Pôle Emploi et qui montera dans un bus car il n'a plus les moyens d'avoir une voiture.

C

Cas soc' : loin d'être un long fleuve tranquille, la vie amène, à tous, de la casse. D'ailleurs, pas mal de casses se réparent et rendent plus forts. Mais pour certains, on classe systématiquement une personne un peu cassée comme un cas soc', bon à jeter à la casse.

Code (Pénal, de la Sécurité Sociale, etc.) : ils s'appliquent un peu comme à la loterie.

Conscience professionnelle : même chose que précédemment, sans passion du métier, elle s'applique un peu comme à l'Euromillion.

Contrôle routier : c'est comme une boîte de chocolat. Un jour, on rencontre un agent très courtois et pro. pouvant même donner de bons conseils en mécanique. Un autre jour, ce seront 8 agents ayant visiblement banni de leur langage « bonjour », « merci », « au revoir » et entourant un véhicule occupé par 4 jeunes potentiellement dangereux, à savoir 2 fillettes de 3 et 11 ans, un garçonnet de 7 ans et sa mère de 31 ans (qui était au volant, bien évidemment).

CNED (Centre National d'Enseignement à Distance): peut sauver la vie à tout âge. Le prix à payer est de s'attendre à des « vous avez le temps », « mais vous ne travaillez pas », « pourquoi avoir besoin d'autant d'heures pour faire garder votre enfant à la halte-garderie ? », etc.

CMP (Centre Médico-Psychologique) : structure

médicale prospère dans les territoires à « Z » (ZEP, ZUS, ZSP) recevant souvent une population peu prospère pour avancer les frais, faute de bonne mutuelle ou de mutuelle tout court. Tel un jeu de hasard, on peut y rencontrer un professionnel consciencieux (psychologue, orthophoniste, etc.). Perso, je n'ai jamais eu de chance au jeu de hasard : j'y ai rencontré des traders à la recherche d'une rente financière garantie par l'assurance maladie et qui ont transmis l'investissement juteux à son réseau (comme l'ITEP du dossier « argent »).

Crise : opportunité de (se) remettre en question.

D

Découvert : autre exemple de dépense prouvant qu'il faut avoir les moyens d'être pauvre.

Délinquant : frauder l'assurance maladie, c'est un délit. Relayer des déclarations écrites ou verbales de manière totalement ou partiellement fausse à une structure susceptible de prononcer une décision, c'est un délit. Pourtant, dénoncer ces dysfonctionnements est une situation qui peut avoir, pour conséquence, d'être traité comme celui qui a commis le délit.

Diplôme : tel des vaccins préventifs contre un parcours professionnel chaotique, ces sésames m'ont permis de concrétiser mes aspirations et mes projets. Évidemment, j'ai connu Pôle Emploi (Pôlo pour les intimes), les contrats précaires ainsi que les jobs alimentaires sans lien avec ce que je suis, ce que je sais faire et ce que je veux faire. Plus que de simples morceaux de papier, ils sont une protection indéfectible contre le mariage forcé avec la galère que souhaitent imposer les victimes aveuglés par les stéréotypes. A noter que l'efficacité de ces vaccins se complètent avec l'(les)expérience(s) professionnelle(s) et les qualifications qui vont avec mais, surtout, avec le savoir-être.

Division : opération mathématique permettant à un calculateur de mieux régner ; bénéfique lorsqu'il s'agit de partager un gâteau, elle devient maléfique lorsqu'il s'agit de pouvoir.

Dossier : lorsque l'on traite une personne comme une personne et non comme un dossier à classer ou à caser, bon nombre de relations se déroulent étrangement mieux.

Doute : quand il y a un doute, il y a aucun doute que rien n'est sûr. La seule chose sûre est qu'il faut (se) remettre en question.

Droit de l'Homme et du Citoyen : un des 3 préambules de la Constitution Française, c'est un ensemble de textes formidablement pensé mais, souvent, fort minablement réalisé.

Dysharmonie d'évolution : concept « médical » français illustré par la définition précédente.

E

École : lieu où l'on est censé s'élever … tous.

Écran plat : perso, j'ai attendu patiemment d'avoir de quoi payer le mien, au comptant plutôt que de succomber aux sirènes de crédit ou à la légende urbaine voulant qu'on paie le produit avec les allocations de rentrée scolaire. D'ailleurs, mon fils n'était même pas à l'école au moment

de cet achat de luxe. Les mauvaises langues rétorqueront «
Allocations familiales ! ». Désolé, le premier enfant ou un
enfant unique comptent pour du beurre selon la CAF.

Éducation nationale : jadis, j'ai connu un système où
j'ai dévoré la nourriture de l'esprit, de la citoyenneté et du
vivre-avec-les-autres ; dommage de déplorer un menu
totalement différent pour mon fils … pour l'instant.

DOSSIER ENTREPRENEURIAT

Entreprise : on s'accorde à dire que c'est un parcours du combattant, parcours plus rude lorsque l'entrepreneur est une entrepreneurE.

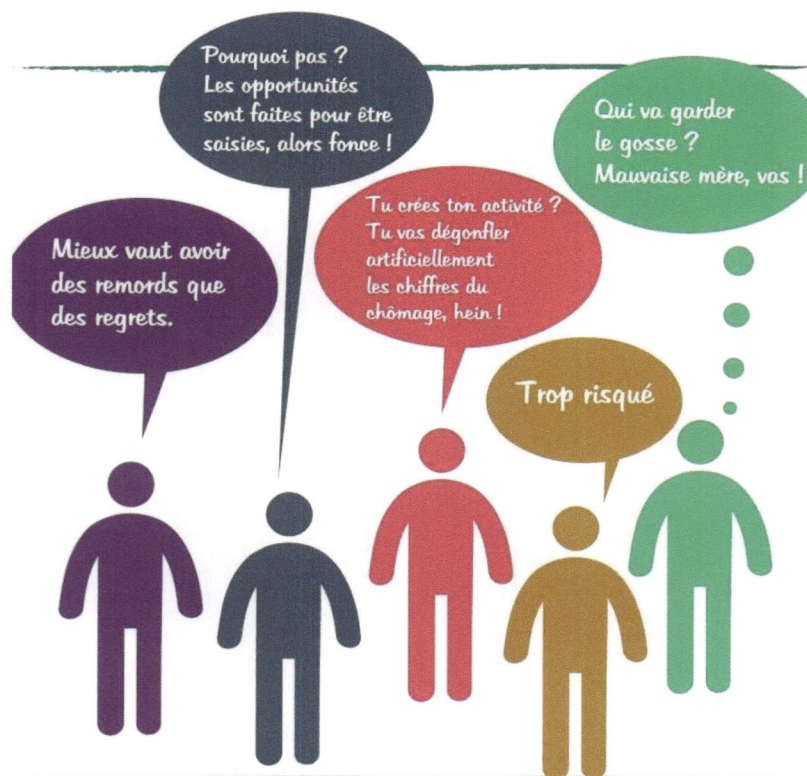

RESSOURCES ÉPUISÉES

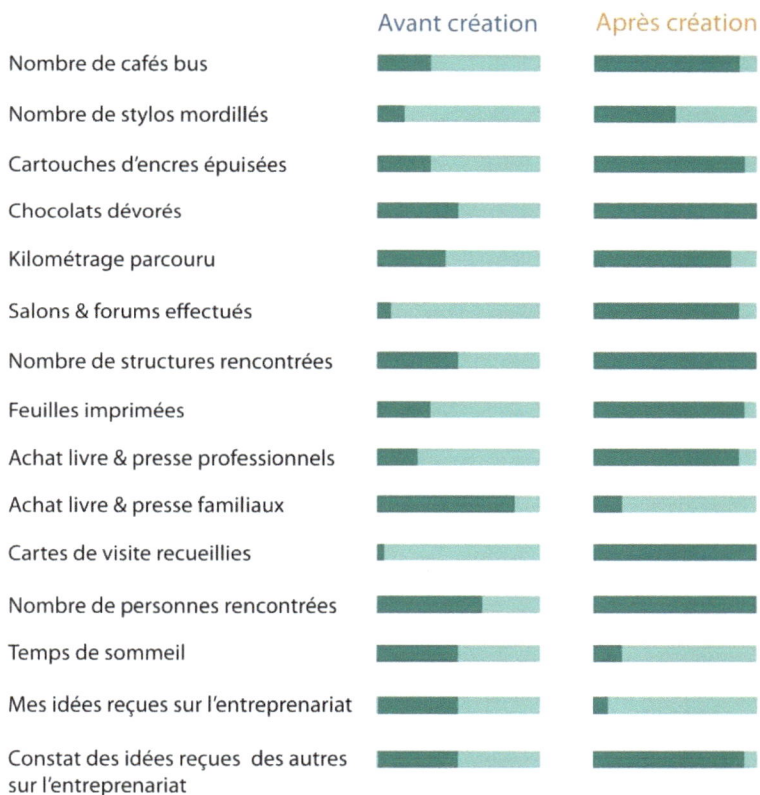

	Avant création	Après création
Nombre de cafés bus		
Nombre de stylos mordillés		
Cartouches d'encres épuisées		
Chocolats dévorés		
Kilométrage parcouru		
Salons & forums effectués		
Nombre de structures rencontrées		
Feuilles imprimées		
Achat livre & presse professionnels		
Achat livre & presse familiaux		
Cartes de visite recueillies		
Nombre de personnes rencontrées		
Temps de sommeil		
Mes idées reçues sur l'entreprenariat		
Constat des idées reçues des autres sur l'entreprenariat		

"Les oeuvres importantes résultent plus rarement d'un grand effort que d'une accumulation de petits efforts. » **Gustave Le Bon**

Pression pour
renoncer à
entreprendre

Encouragement
quasi-unanime
pour entreprendre

Propos culpabilisants
de la part de travailleuses
sociales et de travailleuses
de l'Éducation Nationale

Compliments
et admiration de la part
de travailleuses sociales
et de l'Éducation Nationale

Organisation de planning
ressemblant à ceci :

Organisation de planning
ressemblant à ceci :

$$\frac{2x + 155}{\sqrt{3} \div 9z} = \frac{2,8 + (\sqrt{4} - 4) - 32x}{25^3 \times 8,2^2 - (4 - 20y)}$$

$$2x + 3 = 33$$

« Nous sommes tous égaux devant l'inégalité qui régit notre planète.» Jacques Sternberg

80

1 Savoir qui on est et ce que l'on veut

2 Être utile aux autres grâce son savoir-faire et son savoir-être

S'entourer

Dépasser ses préjugés et les préjugés des autres

3 Savoir entendre et écouter

4 Savoir s'entendre et s'écouter

5 Être conscient de ses qualités ... et de ses défauts

« Un pessimiste voit la difficulté dans chaque opportunité, un optimiste voit l'opportunité dans chaque difficulté. » – Winston Churchill

Une chose est commune à tout entrepreneur :

Si on a les pieds sur terre et que l'on n'a pas la tête dans les étoiles, on se casse la figure.

Si on a la tête dans les étoiles et que l'on n'a pas les pieds sur terre, on se casse la figure.

Ainsi, c'est avec la tête dans les étoiles et les pieds sur terre qu'une belle aventure entrepreneuriale peut démarrer. Ceci est valable pour tout le monde, quelle que soit son origine sociale.

.

DÉFINITIONS - ESCALIER A INDÉCENCE

Escalier : les présumés cas soc' souhaitant gravir un échelon social, la vérité et de nombreux locataires de vieux Habitats à Loyer Modéré sont « sportifs ». Ils empruntent régulièrement l'escalier car l'ascenseur est en panne.

F

Famille : dans la plupart des cas, le soutien de celle-ci prouve que les professionnels du social n'ont pas le monopole du cœur ... raisonné et désintéressé. A noter que ce principe de solidarité s'applique aussi avec les (vrais) amis.

Femme : comme certains de leurs homologues masculins, certaines d'entre elles peuvent être aussi virulentes qu'eux, voire plus, en termes de machisme et de misogynie.

Fin de mois :

Le calendrier dit :
« C'est le 30 ou 31 du mois (28 ou 29 au mois de février) »

La précarité dit :
« C'est le 15 voire le 10 du mois »

La logique dit :
« Théoriquement, quand on a des bagages professionnels et quand on bosse, c'est comme ce que dit le calendrier »

Florence Foresty : humoriste extralucide dont un de ses spectacles - Mother Fucker - ressemble à un « Wikileaks » pour de nombreuses mères ; mais ô grand jamais ne donner l'impression de se reconnaître dans les propos de l'Edward Snowden des mamans auprès d'une assistante sociale de la 2ème catégorie (voir définition Assistante sociale) ou d'une personne atteinte de « préjugé-ite » aiguë.

Force : elle s'affirme avec la faiblesse existante et se sublime dans la présumée faiblesse qu'on peut nous attribuer.

Formation : un complément hors-pair et efficace du vaccin « diplôme » contre la pandémie de la précarité ; aussi faut-il l'allier à un projet cohérent et surtout y avoir accès ! Dans mon cursus, j'ai eu la chance de faire une formation supplémentaire, après mon BTS : une chance car qui dit « diplômes » dit non-prioritaire pour l'accès à une formation, selon le service public de l'emploi. C'est grâce au PLIE (Plan Local de l'Insertion par l'Économie) de Hauts-de Garonne qui a soutenu mon projet et grâce la cohérence de mon projet professionnel que j'ai pu consolider mes bagages de compétences. Mais grâce à l'incohérence du logiciel de réactualisation de Pôle Emploi, l'ARE (autrement dit l'indemnité chômage) m'a été suspendue parce que j'ai déclaré cette formation non rémunérée et dont j'ai financé une partie avec mes deniers personnels. Bref une mésaventure que j'aurais pu éviter par le mot suivant.

Fraude : en effet, un conseiller Pôle Emploi m'a suggéré le conseil suivant : j'aurais dû ne pas déclarer que j'avais effectué cette démarche d'insertion professionnelle. Pour faire simple, j'aurais dû m'abstenir de prouver à l'institution que j'honorais leurs propres obligations légales.

NB : lorsqu'on est inscrit à Pôle Emploi, le demandeur d'emploi, indemnisé ou non, doit effectuer des démarches afin de retrouver du travail (Recherches et candidatures aux offres d'emploi, formation, etc.) sous peine d'être radié. Il doit également rendre des comptes sur sa situation lors de l'actualisation mensuelle.

G

Galère : génératrice de rides du lion, c'est également une opportunité d'en rire afin de la surmonter ... comme un lion.

Génération(s) sacrifiée(s) : expression pour qualifier la génération actuelle et future, il ne faut pas oublier que la précédente est concernée. Ce n'est pas eux qui le contrediront : cette femme de 70 ans qui va distribuer des prospectus, ce jeune retraité qui a cotisé toutes ses annuités qui reprend un boulot de chauffeur de bus ou ces retraités depuis des années qui vont créer leurs entreprises car le marché de l'emploi est résolu à les laisser hors-course. En effet, il y a les « trop jeunes pour car pas assez âgés pour » mais aussi les « trop âgés pour car pas assez jeunes pour ».

Générosité : même les mathématiques sont d'accord ; « moins » fois « moins » font « plus ». Plus on galère, on donne. Néanmoins, l'excès de don rime avec « trop bon, trop con ».

H

Haine : Elle est très bien partie pour être à l'Homme ce qu'une météorite a été pour les dinosaures.

HLM (Habitat à Loyer Modéré) : c'est bien connu ! Les habitants d'HLM sont des cas sociaux. Or environ 70%

des Français sont éligibles à la location d'un HLM.

Humiliation : il faut avoir en confiance en soi pour demander de l'aide à autrui, d'autant plus lorsqu'on s'adresse à un « professionnel de l'aide » ; l'humiliation étant de comprendre qu'une poignée de personnes qui aident annihilent cette confiance et la dignité humaine par des « Si vous êtes dans la demande d'aide, c'est que vous êtes impotent et que vous êtes assimilé à un minable ».

Hypocrisie : à l'époque où j'ai croisé un certain médecin qui faisait des déclarations fausses sur des certificats médicaux pour justifier la prise en charge d'un « handicapé de 70% d'incapacité », une campagne de communication a été mise en place via des affiches pour la Caisse d'Allocations Familiales (CAF) sur les conséquences de la fraude.

I

Indécence :

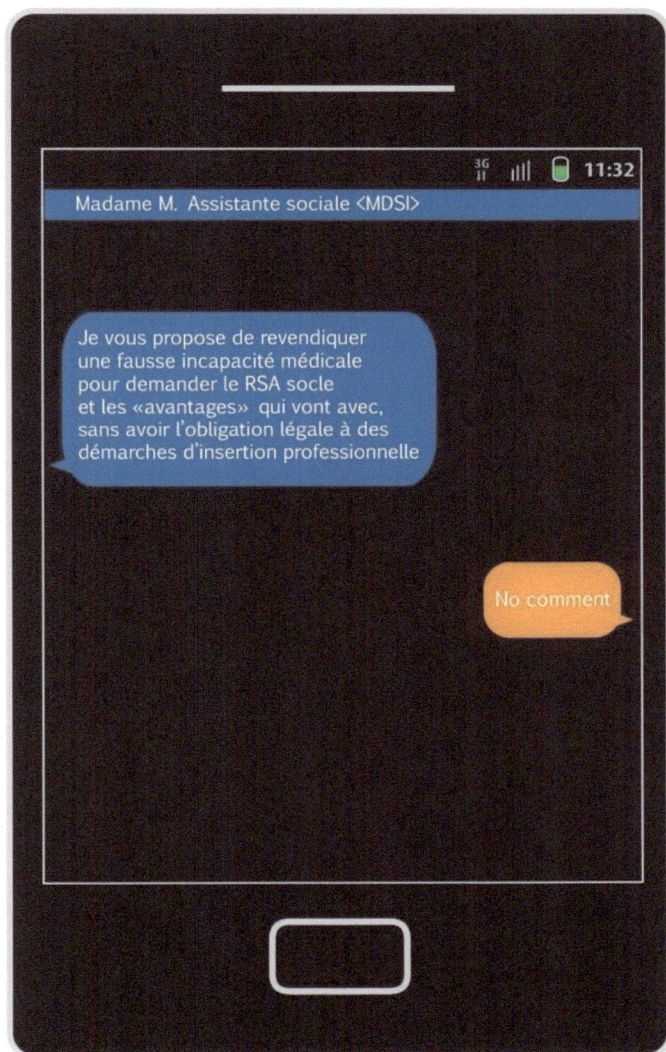

DOSSIER INSERTION

Insertion : ce que je peux dire du système d'insertion en France

---

« **Il m'a fait trop de bien pour en dire du mal.**
Il m'a fait trop de mal pour en dire du bien. »
Pierre Corneille – Poésies

En juillet 1998, j'obtenais mon BAC :

Et Bac L Arts Plastiques, direction la fac d'Arts Plastiques ...

+

Intéressant tout ça, mais je ferai quoi comme métier plutard ?

+

Un job étudiant

... (qui n'empêche pas de se questionner sur son avenir pro.)

=

Et toujours
à la question
«Je ferai quoi
comme métier
plutard ?»

ONISEP

Soit prof
Soit de la
recherche

METIERS
D'ARTS

Mais bon sang, mais c'est bien sûr !

DEUG d'Arts plastiques
= Prof d'Arts plastiques
Élémentaire
mon cher Watson

Pas si
sûr

Cela étant,

TIN - TIN !!!

EVIDENCE

FILIERE QUALIFIANTE BTS COMMUNICATION

ONISEP

EVIDENCE

RÉORIENTATION

Watson avait raison ;)
Direction le CNED (Centre National d'Enseignement à
Distance)

Et après **35** heures hebdo.
+ **25** semaines de stage pro.

BTS

ou plutôt

RECTIFICATION

Et après 35 heures hebdo.
+ **25** semaines de stage pro.
+ **3** années de pouponnage

Boulot,
Stabilité financière,
Stabilité sociale,
Réalisation
des projets ...

Merci le CNED !!!

Sauf que pour atteindre cette fameuse stabilité et tout ce
qui va avec ...

Oui, c'est sûr, atteindre cette fameuse stabilité sera possible mais ce sera difficile.

Or

Volontiers utilisée en Marketing, la pyramide de Maslow nous dit qu'un individu avance dans un besoin d'ordre supérieur quand le besoin du niveau inférieur est satisfait.
Avec notre système d'insertion, on peut y arriver aussi ... ou pas !

Besoin d'Accomplissement

Besoin d'Estime

Besoin d'Appartenance

Besoin de sécurité

Besoins Physiologiques dont « Manger »

NB : Pendant l'Antiquité, les Égyptiens, les Mayas, etc. inventaient, construisaient, écrivaient, bref avançaient, car ils avaient, d'abord, réglé le problème de la faim, la soif, … Sinon, on aurait pu se brosser pour contempler la pyramide de Khéops ;)

A chaque jour suffit sa peine, on va devoir procéder étape par étape.

Vous recherchez en com' mais vous êtes prête à prendre un job alimentaire

Je prends TOUT ! … même balayer la station Mir

Vous allez m'aider à trouver un mode de garde décent ou je ferai un sitting au Conseil Général

Puis

Un méga sandwich de jobs en tout genre

AGENT D'ENTRETIEN
RÉDACTRICE
MÉNAGE
AGENT ADMINISTRATIF
FORMATION WEBDESIGNER
OPÉRATRICE PAO

Et grâce à une bonne dose de détermination, mon fils a un nounou, je peux bosser, passer le permis, acheter ma 1ère « titine », penser « projets & avenir », etc. bref, poser un lapin à la survie pour tracer ma route vers la vie.

Et cerise sur le ~~gâteau~~ méga sandwich enrichissant

Pas de permis
Pas de véhicule
Problème de Garde d'enfant

PARCOURS STABILISÉ
Plusieurs mois

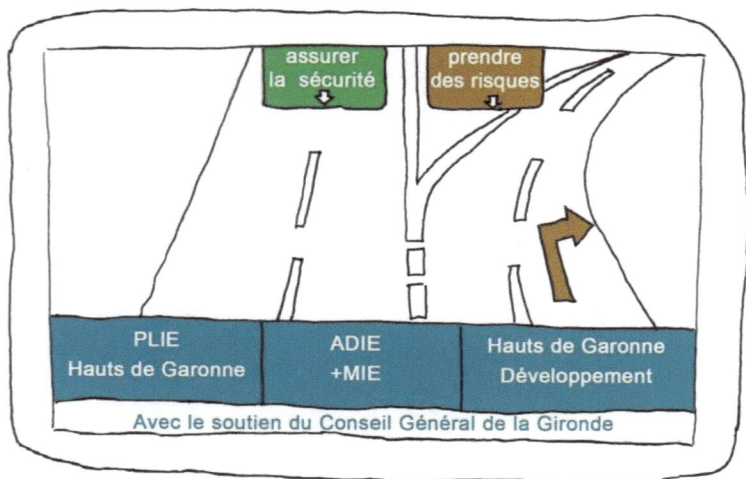

Départ - Création
du projet

Ateliers, Forums
& Salons dédiés à —
l'entrepreneuriat

Étude de Marché
& Business Plan

Réseautage,
Petit déj' Business
et autres événements
pro.

Des heures et des heures
de recherches
documentaires

De nombreuses
personnes et
structures rencontrées
et une piles de cartes
de visites collectées

Premiers devis dont
dont 2 commandes
fermes

APRE* et ACCRE*
acceptées

CFE* des Auto-entreprises
RSI & URSSAF

On prospecte et ...
on prospecte, bref
70% du job

C'est
quoi
ça ?

* APRE : Aide Pour la Retour à l'Emploi
* ACCRE : Aide au Chômeur Créant ou Reprenant une
Entreprise
* CFE : Centre de Formalité des Entreprises

Ouch ! Ça calme

Et si j'ai du mal à concilier la vie professionnelle et leurs recommandations
(+ le planning effréné
qui va avec),
on me propose ceci :

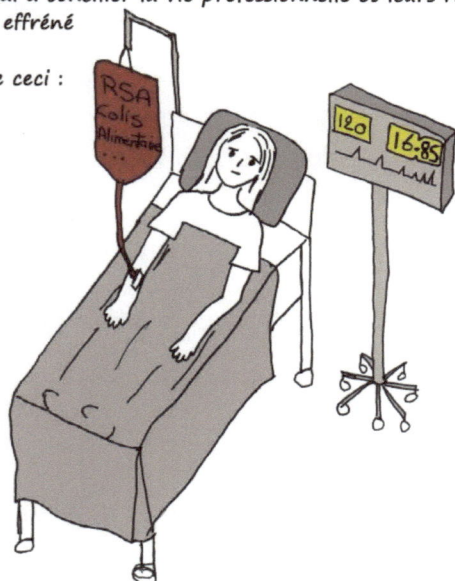

En effet, il faut que je sois une « bonne » mère, perfusée aux aides sociales. Je serai, ainsi, disponible pour faire jouer mon fils au « Malade Imaginaire 2.0 ». Et surtout, je pourrai arrêter de travailler ... parce que « Une maman solo qui travaille, c'est caca.»

En gros, si je souhaite évoluer vers une vie au lieu de la survie perpétuelle :

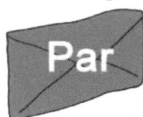

Envoyer COCU
Par SMS*
au **33066**

* Prix du SMS : 0,00€, c'est votre
département qui paie... et comme
on dépense sans compter

D'autant que la proposition (indécente) est une aubaine ; l'assistante sociale me dit qu'on me paiera tout, ce n'est pas un problème, c'est le Conseil Général qui paie.

Confirmant ce que le professeur Grant
a dit dans Jurassik Park III :
« Les pires choses inimaginables ont été
souvent faites avec les meilleures intentions»

Conclusion : En 2013, lors d'un colloque sur l'insertion et du dispositif RSA, un conseiller général du département girondin affirmait : « Il faut que les acteurs de l'insertion sociale travaillent de concert et en cohérence avec les acteurs de l'insertion professionnelle ». C'est bien de le dire. Mais ce qui serait encore mieux, ce serait de sortir du mode « avion » et de passer aux actes. Ainsi, on pourra dire à volonté « nousdépensonsancompté » !.

DÉFINITIONS – INSOMNIE A ZONE

Insomnie : conséquence de plusieurs événements dont la définition précédente et de bien d'autres causes qui vont envenimer nos relations avec Morphée. Plusieurs solutions à ce problème existent : il y a l'artifice de médocs, bien sûr, mais c'est bien mieux d'en parler et de faire en sorte de se débarrasser des situations ubuesques et inutiles.

Intouchable : pour l'être, il faut agir sur des bases solides, réalistes et sans mauvaise intention.

Immigré : comme tout Français, si je veux être « immigrée », il faudrait donc que j'émigre de France !

Impôts : en toute franchise, ils font mal telle la piqûre de vaccin. Au final, on en profite tous. Seulement, parfois ils font mal telle la piqûre de guêpe comme le fait de voir 120 000 euros dépensés pour un autisme imaginaire. De la même manière, l'autisme (avéré) provoque une dilapidation de plus de 10 000 000 000 euros (oui ! Il s'agit bien de 10 milliards) pour des prises en charge médicales inadaptées et, parfois, maltraitantes, dans le doux pays des Droits de l'Homme et du Citoyen. Ou encore, l'armée de bonsaïs à presque 300 000 euros commandée par une collectivité territoriale donne mal à la tête. Petite suggestion sans prétention : avec une gestion rationnelle, une vocation claire et définie, les impôts et autres taxes auraient une meilleure réputation.

Imprévu : bien admis dans la vie quotidienne, il devient souvent inadmissible lorsqu'il s'agit d'un imprévu de la vie tout court (perte d'emploi, maladie, etc...) amenant parfois un autre imprévu : celui du statut de cas soc'.

J

JT : mea culpa, il est vrai que la présumée cas soc' que je suis a exposé son enfant à ce programme méritant parfois la pastille CSA « interdit au – de 18 ans ».

Justice : nécessaire à une vie en société pour qu'elle ne ressemble pas au mot précédent, ce juste principe dévoile parfois un autre principe moins juste : si t'as rien, t'es rien.

K

Kafkaïen : peu de gens ont lu le style de cet auteur tout en ayant beaucoup vécu des expériences du même style.

L

Légende urbaine : les politiques de la ville y ressemblent.

Légo : jeu de construction pour enfant concurrencé par le jeu de destruction puéril consistant à caser systématiquement les gens dans des cases.

Loi du silence : on dit souvent que le silence est d'or. Mais parfois, il est une prison en plaqué or instaurant une sécurité illusoire.

M

Maternité : l'une des plus belles choses de la vie, c'est sûr. Mais, en faire une manière d'accéder à un statut social ou une manière de se réaliser à part entière est un peu douteux, non ?

MDSI : j'ai fait un rêve. Que ce sigle signifie réellement « Maison Départementale de la Solidarité et de l'Insertion » et non « Maison de la Désinsertion Sociale et de l'Infantilisation » comme j'ai pu malheureusement le constater.

Miroir : du pragmatique ou du dogmatique, qui réfléchit le mieux ?

Pragmatisme

Con-science ?

Dogmatisme

Science-de-con ?

Mort : qui est pire ? La mort physique ou la mort sociale : une rupture d'anévrisme m'a réconciliée avec mon inexorable future mort mais elle m'a définitivement écœurée de la mort sociale plus flippante.

N

Normal : à force de vouloir être normal ou à force vouloir voir la normalité chez les autres, tout devient anormal.

O

Odyssée : pas mal de démarches administratives ressemblent à ce type de péripéties. Tels des Ulysse, la plupart des usagers y rencontrent des difficultés, non pas qu'ils soient idiots et illettrés (ou atteints de phobies) mais parce que ces aventuriers administratifs sont plutôt confrontés au « Pourquoi faire simple qu'on peut faire compliqué ? ».

Orientation : dans le domaine scolaire, social, professionnel ou médical, il arrive parfois de tomber sur des conseillers d'orientation désorientés. Pour s'en prémunir, mieux vaut avoir sa boussole qui oriente vers des conseillers réellement professionnels et passionnés.

P

Panier : si les gens capables de mettre d'autres dans le même panier jouaient en tant que pro. du basket-ball, je pourrais me vanter de connaître beaucoup de stars de la NBA*.
*National Basketball Association

Parent solo : on dit souvent que les enfants élevés par des parents solos (la plupart du temps par leurs mères) termineront délinquants, précocement déscolarisés, etc. Bref de futurs cas soc'. Vraiment ?

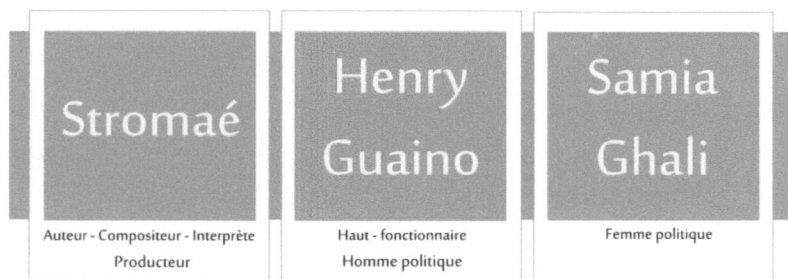

Stromaé	Henry Guaino	Samia Ghali
Auteur - Compositeur - Interprète Producteur	Haut - fonctionnaire Homme politique	Femme politique

Passionné : si un présumé cas soc' dit qu'il est passionné de ménage, de plomberie, etc. et qu'il veut en faire son métier, tout va bien. S'il dit qu'il est passionné d'informatique, de comptabilité, de droit, etc. et qu'il veut en faire son métier, tout va mal pour certains. A noter la situation inverse s'applique au non-cas soc' présumé.

Pâtes : spécialité gastronomique prisée des précaires, des étudiants, de ceux qui arrivent en fin de mois le 15 du mois et des gens pressés. Côté positif, les enfants n'y trouvent pas presque aucun inconvénient.

Pauvre : ce monde se divise en 2 catégories ; pour les déceler, ils font se référer aux 2 catégories d'assistantes sociales (voir définition « assistante sociale ») ; ainsi, les bons pauvres se plient aux exigences de la 2ème catégorie et les mauvais pauvres à celles de la 1ère catégorie.

Pédophile : peut-être un individu en embuscade, caché dans un buisson dans le parc ou cet inconnu qui aborde les enfants en leur promettant des bonbons. Mais la plupart du temps, c'est quelqu'un issu de n'importe quel milieu social (et j'ai bien dit tout milieu social, intellectuel ou culturel) faisant partie de l'entourage ; c'est surtout un individu fort minable qui s'évertue à passer pour une personne la plus formidable.
NB : Il convient de ne pas prendre à la lettre l'étymologie de ce mot disant « Qui aime les enfants ».

Pouvoir d'achat : loin d'être une lubie d'enfant gâté souhaitant le dernier IPhone en avant-première, c'est le souhait du pouvoir-manger, du pouvoir-se-loger, du pouvoir-être-à-jour-dans-ses-factures tout simplement.

PMI (Protection Maternelle et Infantile) : elle pallie à la pénurie de pédiatres, notamment si l'on vit en périphérie du centre névralgique de son agglomération. Ce lieu devient incontournable pour s'assurer que Bébé grandit et se développe bien, pour faire les pesées, les vaccins, les contrôles obligatoires et recommandés par le calendrierguide offert par l'assurance maladie. J'y ai obtenu également des précieux conseils.

« Travailler 35 h, c'est travailler trop »
(pour une mère car ... qui va garder les gosses ?!)
Mme C. Puéricultrice PMI - 06 juillet 2012

Point positif, c'est gratuit et bye-bye les avances de frais et l'attente du remboursement qui avec, les feuilles de soins, etc. ; Pas besoin d'être véhiculé(e), d'attendre et prendre le bus pour se rendre chez un (des) professionnel(s) situé à 10 ou 20 km, les PMI sont souvent près de chez soi. Perso, la mienne était à 2 minutes (à pieds) de chez moi. Enfin, un autre point moins positif existe : selon le témoignage d'une assistante sociale MDSI du dossier « Argent », à partir du moment où on fait suivre son enfant en PMI, c'est que Bébé est automatiquement en danger et les parents sont démunis et incompétents.

Préjugé : il naît de l'ignorance totale ou partielle. Et quand on ne connaît pas ou peu, on a peur. Justement la peur : pour affronter la vie, nous sommes de plus en plus à nous y réfugier. Mais depuis quand la peur est un refuge ?

Prostitution : art d'acquiescer ce que l'on nous impose en se vendant (ou en vendant sa progéniture) pour obtenir un avantage, une aide ou la paix sociale comme j'ai pu le faire avec certains travailleurs sociaux.

Projet : un cas soc' ne doit, ô grand jamais, en avoir ni le tenir au risque d'être pris pour un fou, un utopiste, un illuminé. Voici pourquoi mes projets comme « mettre des sous de côté sur un PEL (Plan d'Épargne Logement) », « travailler après ses études », « monter sa boîte », « parler de son fils qui dit vouloir être vétérinaire, ingénieur ou prof » ont fait sourire et rire.

Alors, je suis ravie d'avoir rendu hilare cette prof, cette institutrice, ce conseiller Pôle Emploi ou encore cette assistante sociale.

Et je suis fière d'avoir démontré concrètement le fruit du réel travail de ce prof, de cet instituteur, de cette référente PLIE (Plan Local de l'Insertion par l'Économique) ou encore de ce référent ADIE (Association pour le Droit à l'Initiative Économique).

Q

Quotient Intellectuel : il serait plus pertinent de calculer, connaître ou améliorer son Quotient Humain que son homologue intellectuel. Le monde s'en portera franchement mieux.

R

Racisme : accident moral d'une personne fâchée avec elle-même et fauchée intellectuellement.

Retraite : dans les 3,65 % de retraités qui retravaillent, 93 % le font car leur retraite ne permet pas la survie ; autant dire que nous sommes la génération sacrifiée issue d'une génération en grande partie déjà sacrifiée.

RSA : socle ou activité*, sa notification pourrait ressembler à ce qui suit.

« Nous avons une bonne et une mauvaise nouvelle à vous annoncer.

Il existe de l'aide si vous avez un accident de la vie, un incident de parcours ou si vous êtes travailleur précaire. Néanmoins, il est fort possible que certains vous enfoncent ou font tout pour vous maintenir dans ce dispositif. Vous serez également stigmatisé et infantilisé par certains travailleurs sociaux, votre entourage, etc. ».

Réflexion faite, on peut expliquer peut-être pourquoi beaucoup ne réclament jamais ce filet de sécurité à double tranchant.

* Le RSA Activité est fusionné avec le PPE (Prime Pour l'Emploi) sous le nom de Prime d'Activité, depuis le 1er janvier 2016.

Sans emploi ou sans profession : attribut qu'on peut ajouter à la case « profession » ou « métier » pour une personne à la recherche d'un emploi. Par exemple, un ébéniste à la recherche d'un boulot se voit attribuer pour métier le titre honorifique de « sans emploi » au lieu … d'ébéniste.

Savoirs : arme de constructions massives. Aussi faut-il y avoir accès, en toute liberté, en toute égalité et en toute fraternité.

Schyzo : ce que l'on a tendance à penser de la vie.

Ce qu'on pense de la vie	La vie réelle
(... Certains s'obstinent à suivre ce chemin)	Illogique mais la vraie

Seuil de pauvreté : il est plus préférable d'être sous le seuil de pauvreté que sous le seuil de connerie.

Société : interaction d'individus impliquant que quand on se respecte soi-même, on respecte son prochain et quand on s'emmerde soi-même, on emmerde son prochain.

Solidarité : il y a réellement solidarité en présence de conscience et en l'absence de condescendance.

Suffixe : quelques lettres qu'on rajoute à la fin d'un mot. Par exemple, ajoutons « iste » à RMI (ex-RSA socle) et nous avons un adepte d'une doctrine et/ou le métier de RMIste rimant avec la fonction de journaliste, cruciverbiste, graphiste, paysagiste, etc. Ajoutons « eur » ou « euse » pour chômer et on crée la fonction et/ou métier de chômer ... pour une personne qui passe son temps à envoyer Curriculum Vitae et lettres de motivation.

T

Travail : c'est la santé mais combiné au stress, le cocktail peut être explosif.

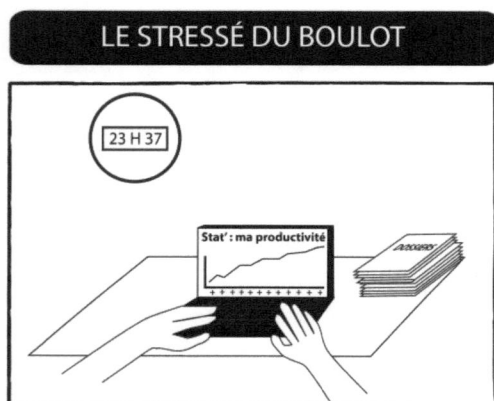

LE STRESSÉ DU BOULOT

23 H 37

Stat' : ma productivité

Car il est peut-être

LE STRESSÉ QUI A PEUR
DE PERDRE SON BOULOT

Pour ne pas devenir

LE STRESSÉ QUI CHERCHE
DÉSESPÉRÉMENT DU BOULOT

Autre formule

LE STRESSÉ QUI CHERCHE
DÉSESPÉRÉMENT DU BOULOT

23 H 37

Mes offres d'emploi

Pour devenir peut-être

LE STRESSÉ DU BOULOT

Car il sera

LE STRESSÉ QUI A PEUR
DE PERDRE SON BOULOT

Taxe d'habitation : il va falloir arrêter avec cette légende urbaine disant que toutes les personnes non-imposables sur le revenu ne paient pas de taxe d'habitation. Je parle en connaissance de cause.

U

Ulcère : comme le cadeau bonus nommé « insomnie », peut-être une conséquence du statut de cas soc'.

V

Vache enragée : spécialité culinaire du présumé cas soc'
et qui n'est pas à base de viande, ni de cheval. En effet, la
viande au sens propre est un caprice de star ... euh
pardon... du pauvre.

Vie : certains ont rêvé de me bloquer dans une vie de cas
soc'. Je les ai faits cauchemarder en ne gaspillant pas mon
temps à vivre une existence qui n'était pas la mienne.

Vie d'enfant : « Si t'as pas d'argent (liquide), t'as qu'à
donner un chèque ou prends ta carte bleue ! » ou comment
les mots d'un enfant peuvent soutirer un sourire ou un fou
rire, lors d'une situation délicate.

Vigile : délit de faciès ou tentation de l'excès de zèle
voire abus de pouvoir, une de ces charmantes personnes
m'a fait rater l'occasion d' « optimiser ». Pendant ce temps,
les vrais voleurs peuvent avoir la voie libre. Bref, de quoi
m'inciter à faire mes courses ailleurs ou sur le web.

W

Web : les préjugés voulaient qu'une personne comme
moi ne sache utiliser le web que pour commander ses
emplettes, sur divers plateformes. Pourtant, je sais créer et
coder ce type de plateformes.
Moralité : ne pas s'attacher à son présumé statut au
risque de l'être véritablement.

X

X : signe qu'on devrait attribuer dans les méandres de la
bien-pensance d'individus fantasmant sur la présumée vie

d'autrui (théorie du genre, les mères solos seraient des débauchées, etc.).

Y

Yeux : entre nous, les yeux dans les yeux, cas' soc' ou pas, présumé cas soc' ou pas, on est tous atteints de « préjugé-ite » plus ou moins grave. Pour en réduire efficacement les symptômes, mieux vaut apprendre à ouvrir les yeux … de la raison.

Z

Zéro (de conduite) : jadis, on donnait ce titre honorifique pour des mauvais comportements, notamment dans l'enceinte d'une école. C'est pourquoi, je vous propose une petite devinette après la lecture de ce courrier adressé, un jour de janvier 2015, à des professionnels de l'éducation.

NON   MERCI   POUR   CES   MOMENTS INCOHÉRENTS

« Celui qui désespère des événements est un lâche, mais celui qui espère en la condition humaine est un fou. » Albert Camus – Extrait des Carnets.
« En vérité, le chemin importe peu, la volonté d'arriver suffit à tout. » Albert Camus – Extraits de Le mythe de Sisyphe.

Chers acteurs de l'Éducation Nationale de l'école A. Camus de Floirac,

Le 22 janvier 2015, Madame la ministre de l'Éducation Nationale, Najat Vallaud-Belkacem, nous présentait un ensemble de mesures, afin que l'École se (re)mobilise autour des valeurs républicaines. En effet, l'institution qu'est l'École est, sans aucun doute, un révélateur de notre société. Suite aux événements tragiques du 7, 8 et 9 janvier 2015, une minute de silence a été organisée dans toutes les écoles de France, au lendemain des assassinats de Frédéric, technicien d'entretien, de journalistes, dessinateurs (dont Cabu de mon enfance) et collaborateurs du journal Charlie Hebdo et d'Ahmed, policier. Et comme je le disais précédemment, l'École française est bel et bien un révélateur de la société française.

Autant cette minute de silence s'est déroulée avec dignité dans la majorité de 64000 établissements scolaires, il ne faut pas nier les quelques 200 incidents (chiffres officiels) prouvant un gros malaise. Je parle de chiffres officiels car, dans votre établissement, des incidents sont survenus pendant ce moment de recueillement et de rassemblement dans ce lieu qu'est l'École de la République. Seulement, aux dires d'une élue de la commune, tout s'est bien déroulé comme dans le meilleur des mondes, dans le secteur de Floirac Dravemont.

Alors que mon fils et 5 autres de ses concitoyens se recueillaient avec des sentiments mêlés de consternation, d'incompréhension et de peur face au fléau du terrorisme, certains de leurs voisins et, accessoirement, concitoyens se donnaient à cœur joie avec du brouhaha, des « Ouais, c'est bien ce qu'ils font. », « Quand je serai grand, j'aimerais être comme eux. » et d'un prometteur « J'espère qu'ils attaqueront d'autres dessinateurs.». Ce florilège de joyeusetés dont les effets provoquent tout sauf le rire fut interrompu brièvement par une institutrice d'un « Vous pouvez arrêter » avant de s'entendre rétorquer d'un « Oh, c'est bon ! ». Et c'est ainsi ce manque de respect fut relayé à la directrice de l'établissement qui résolut ce problème par « 10 minutes au coin ».

Chers promoteurs de l'École républicaine certes située dans une ZEP nouvellement qualifiée de REP mais une institution de la nation avec un « I » majuscule, « Bravo » pour cette réponse ferme, pédagogique et éducative qui n'a pas franchement convaincu mon fils et les 5 autres témoins de cette scène d'apologie au terrorisme (appelons un chat, un chat). « Bravo » car l'inefficacité de la réponse de l'autorité éducative a amené des questionnements légitimes d'enfants exprimés par des « Qu'est-ce qu'il vous prend de dire ça ? » et des « Non, mais ils sont malades ! » en direction de groupe d'élèves qui n'avaient que des « Ta gueule » en guise d'explication. Faute d'avoir une réponse rassurante face à ces incidents, une des élèves témoins a alors adressé ses interrogations à une personne peut-être plus à même de la rassurer : à savoir une institutrice ; et … rien, le néant, aucune réponse à son « Mais pourquoi ils ont dit ça ? ». Ainsi les élèves interloqués par les intrigantes déclarations d'autres en sont restés là car résignés par de l'inertie des représentants de l'autorité ; en même temps, pourquoi réagiraient-il et agiraient-il sur cette minorité de concitoyens contestataires ? Ces mêmes concitoyens qui frappent, insultent et menacent autrui en quasi-totale impunité car, en réponse, « on » résout également ces problèmes par des …« 10 minutes au coin » ;

C'est pourquoi chers « co-éducateurs » de futurs adultes citoyens français, non merci pour ces moments incohérents régis peut-être par la règle du « Pas de vague ». Merci d'avance de vous (re)mobiliser autour des valeurs républicaines qui feront que la génération de mon fils puisse vivre en réelle liberté, égalité et surtout en sincère fraternité.

D'autant que je suis amplement convaincue de votre aptitude à agir concrètement : souvenez-vous par exemple comment l'équipe éducative de votre établissement s'est mobilisée à coup de sommations, nombreux appels téléphoniques, lettres et réunions le tout ponctué d'un signalement auprès du procureur de la République, afin d'envoyer (sans succès) un de vos élèves vers un IME, ITEP ou autre établissement spécialisé car vous étiez persuadés (à tort) qu'il était atteint d'une forme d'autisme et de déficience intellectuelle. Souvenez-vous comment votre ancienne psychologue scolaire s'est mobilisée en réunissant tous les enfants de l'école pour leur dire (citant les propos d'une élève) « Cet élève est fait pour un établissement spécial pour attardé mental ». Souvenez-vous comment vous étiez aptes à vous mobiliser pour un autre élève qui subissait les coups, menaces et insultes commis par les mêmes contestataires cités précédemment ... en faisant injection à sa mère de retirer son enfant de la cantine (Ainsi en excluant la victime, vous auriez résolu le problème causé par d'autres).

Oui, je suis sûre, vous pouvez vous mobiliser, vous remobiliser et vous (sur)mobiliser.

Alors mobilisez-vous, chers enseignants de l'école A. Camus après avoir attentivement lu et compris l'ensemble des mesures qui, malheureusement, auront dû attendre de prendre de l'importance après les agissements de 3 pauvres débiles meurtriers (Je reste polie car mes parents et mes anciens enseignants ont fait le job pour que je puisse me contenir au possible dans mes propos).

Enfin, le dimanche 4 janvier dernier, j'écoutais l'interview d'Esther Duflo, une économiste française. Elle intervenait naturellement sur le sujet de l'économie et expliquait qu'elle combattait les 3 « I » dans le cadre de la lutte contre la pauvreté : Idéologie, Inertie et Ignorance. Puis 3 jours plutard, je me suis rendue compte que ces 3 « I » étaient également à combattre dans le cadre de l'Éducation et de la Citoyenneté, afin de prévenir le fléau de la barbarie et celui de la connerie (désolé, mais là encore appelons un chat un chat).

Alors que nous (enseignants, parents, enfants, nos élus représentants, etc.) sommes tous actuellement dans la remise en question salvatrice de nos valeurs et notre identité humaine, sachez que faire une erreur n'est pas une connerie. La vraie connerie est de nier l'erreur et ses leçons constructives qui vont avec.

En vous remerciant d'avance, chers « co-éducateurs » de l'école A. Camus,

Une maman floiracaise qui vous fait entièrement confiance, à partir du moment où le bon sens sera du mise.

Chose promise, chose due, la devinette :

À qui peut-on attribuer ce fameux zéro de conduite ?

- o A : Les « prometteurs » mini-citoyens qui ont mal agi
- o B : Ceux qui savent et qui n'ont ni réagi, ni agi (A ce jour, l'Éducation Nationale n'a pas répondu à cette missive).
- o C : Les 2 premières réponses
- o D : La réponse D (Comme dirait l'autre)

NB : inutile d'aller sur Google pour lui poser la question, il vous dira « Bon courage ».

Zone : avant, j'étais une personne traitée en citoyenne. Plutard, j'ai déménagé dans une zone à Z (ZEP*, ZUS*, ZSP*, etc.) ; j'ai l'impression d'y avoir perdu ma carte d'identité, ma carte d'électrice, mes diplômes mais aussi, ma dignité, ma citoyenneté. Bref, je suis devenue quelqu'un traité en personne à problème ... une présumée cas soc'. Mais rien d'irrémédiable car une simple impression ou les pauvres pensées d'une victime de préjugés ne sont, au final, que du vent !

---

* ZEP : Zone d'Éducation Prioritaire nouvellement nommée REP (Réseau d'Éducation Prioritaire)
ZUS : Zone Urbaine Sensible
ZSP : Zone Sécurité Prioritaire

FIN

REMERCIEMENTS

A mon fils - et quitte à tomber dans le cliché - ma bataille.

Un grand merci à ma famille de sang et de cœur.

A mes parents qui n'ont pas connu l'accès à l'école comme j'ai pu le connaitre mais qui se sont faits par eux-mêmes, avec leurs valeurs et leur courage.

A Laïla.

A Sophie.

Reconnaissante aussi, je suis et je resterai envers ces institutrices et instituteurs, professeurs de collège, de lycée, de fac et ceux du CNED – Institut de Rouen.

A Marie-Odile, référente PLIE de la mairie de Floirac.

A Mme La. assistante sociale MDSI de la 1ère catégorie.

A Nathalie G. et le 3ème étage du Tripode du CHU de Bordeaux sans qui je serais littéralement 6 pieds sous terre.

Aux personnes qui ont dépassé préjugés et stéréotypes dans le domaine personnel et professionnel.

A celles et ceux qui m'ont accordé leur confiance dans mon aventure entrepreneuriale.

A toute l'équipe de TEDx Bordeaux comme François

A., Nicolas C., Hélène D., François M., Philippe W., Anne Q., Guillaume D., Guillaume L., ... et aux speakers.

A Alexandra Le Dauphin, Vanessa L., Valérie L., Marion C., Elisa G., Peter Patfawl, Alain T., Patrick R., Khadija B., Élisabeth F., Stéphane S., Aurélie K, Corine P.H.

A ANJE, Abde Baaz.

A Danièle Langloys.

Au Centre de Ressources Autisme et au Centre de Consultations Spécialisées du CHU de Bordeaux.

A Didier, directeur d'école.

A Maître B. et à Mmes W. et B. de la Police Nationale.

A la vie avec son meilleur et en dépit de son pire.

... et infiniment reconnaissante envers celles et ceux atteints de «préjugé-ite» aiguë ou chronique : ils m'ont permis d'alimenter mon stock d'anecdotes que j'ai partagé avec vous.

A PROPOS DE L'AUTEURE

Alice Diotie joue les prolongations de ce dico sur :

Blog : www.alicediotie.com
Facebook : facebook.com/Alice.Diotie
Twitter : twitter.com/AliceDiotie

Livre autoédité : Alice Diotie,
12 rue Corneille apt 1006 – 33270 FLOIRAC

Réalisation / Illustrations : Com'aMalice – Alice Diotie
Crédits Icônes : Flaticon
Imprimeur : CreateSpace, Amazon - Charleston, SC - USA

Dépôt légal : Août 2016

www.ingramcontent.com/pod-product-compliance
Lightning Source LLC
Chambersburg PA
CBHW040512290326
R18043100001B/R180431PG41928CBX00004B/7